中国科学院心理研究所所长、研究员
中国科学院大学心理学系主任、教授

傅小兰 倾力推荐

李晓云◎著
Li Xiaoyun Zhu

孩子的成长和教育

必然要遵循规律

尊重科学

在润物细无声中循序渐进

而非拔苗助长

急功近利

爸妈别生气

Grow With You

中央民族大学出版社
China Minzu University Press

图书在版编目（CIP）数据

爸妈别生气 / 李晓云著 . —北京：中央民族大学出版社，
2023.7

ISBN 978-7-5660-2240-0

Ⅰ . ①爸… Ⅱ . ①李… Ⅲ . ①家庭教育 Ⅳ . ① G78

中国国家版本馆 CIP 数据核字（2023）第 144805 号

爸妈别生气

著　者	李晓云		
策划编辑	赵秀琴		
责任编辑	罗丹阳		
责任校对	邱　械		
封面设计	舒刚卫		
出版发行	中央民族大学出版社		
	北京市海淀区中关村南大街 27 号	邮编：100081	
	电话：（010）68472815（发行部）	传真：（010）68933757（发行部）	
	（010）68932218（总编室）	（010）68932447（办公室）	
经销者	全国各地新华书店		
印刷厂	北京时尚印佳彩色印刷有限公司		
开　本	787×1092　1/16　印张：13		
字　数	140 千字		
版　次	2023 年 7 月第 1 版　2023 年 7 月第 1 次印刷		
书　号	ISBN 978-7-5660-2240-0		
定　价	49.90 元		

序

傅小兰

中国科学院心理研究所所长、研究员、博士生导师

父母造就了孩子的生命，成了孩子最亲近的人，同时也成了孩子的"首席保育员"和第一任老师，以血缘和亲情的特殊而独有的关系牵绊一生。孩子从胚胎开始就受到了父母精心而特别的呵护，从小生命呱呱落地的那一刻起，似乎就成了父母的全世界，这种无与伦比的甜蜜和幸福也是不可替代的，从此诞生了一个完整和独特的家庭。

新的生命就是新的希望。孩子在父母和家人的期盼中一天天成长，甜甜的微笑、睡梦中美妙的样子、浑身的乳香味儿、艺术品般的小手和小脚丫和时不常耐人寻味的啼哭，无不给这个家庭增添了无尽的欢乐和缤纷的色彩。孩子就这样在不知不觉中一天天长大，从蜗牛般爬行到摇摇晃晃站立，再到踉踉跄跄行走；从模糊不清地发声到支支吾吾地喊出"爸爸""妈妈"，再到咿咿呀呀学语说话；无不显现出生命的成长和变化。孩子从中一点点、一天天地感知着新奇的环境和奇妙的世界；父母

从中一次次、一回回体验着孩子成长的乐趣，感悟着生命的奇妙。彼此间收获着各自的所思、所盼和所需，可谓各得其所，乐在其中，快乐无比。

随着孩子一天天地长大，父母开始了孩子入园和上学的准备，家庭生活的方式和节奏也在悄然发生着变化。从此，"教育"的概念和责任被提上日程，新的期盼和希望渐渐地成了家庭生活和未来的主题，受教育的方式和选择就成了父母努力的方向。从此，孩子的发育与智力、学习的能力与成绩、对新环境的反应与适应、自己和周围环境对孩子的认知与评价以及对孩子的学习和未来发展的想象、期许或设计等一系列问题开始一个个或一股脑儿地进入了父母的脑海，而孩子成长的实际与父母的愿望随着时间的推移，渐渐地开始不尽如人意或渐行渐远，起初的那份甜蜜和得意也在不知不觉中变成了苦涩和焦虑，孩子和父母也开始进入了各自的"成长的烦恼"期。

如果父母只具有原始和简单的爱，而无陪伴和养育孩子的知识、方法和技能，必将给孩子的生活、学习和成长带来不利的影响和损失，甚至会造成不可挽回的一生的遗憾。换而言之，孩子的成长和教育必然要遵循规律，尊重科学，在润物细无声中循序渐进，而非拔苗助长，急功近利。现实中，很多强大的事实案例充分地证明了这一点。孩子的内心和所求能否得到父母的关注和尊重，就成为孩子能否健康快乐成长的关键。

本书是作者李晓云老师多年从事家庭教育实践和辅导的心得，也是他常年从事儿童青少年心理健康帮助辅导工作心路历程的一次经验总结。针对家庭教育中存在的普遍问题，遵循家庭教育规律，结合生活中亲身经历的实例，讲述来自孩子心底的声音，提出对父母的启示和建议，研究探讨儿童青少年成长的关键问题，内容有分析，有思考，有见解，包括家庭教育理念、亲子关系的培养、父母作为教育者的角色定位、家庭教育责任担当等内容，从而让父母成为合格、有能力和懂方法的教育者，让孩子在家庭教育中切实受益、健康成长。最后，真诚而负责地替孩子喊出了"爸妈别生气"的心声！

目　录

新出生的宝宝有着独特的传递某种信息和表达特定情绪的方式，父母需要去细细品读和判断，争取在第一时间给予回应和支持，为亲子关系在初始阶段打下良好和坚实的基础。

婴幼儿期是孩子性格和气质特征形成的重要时期，最重要的需求是对于情感与爱的需求，这个阶段的父母要给予孩子高度的重视并及时做出积极、耐心和友好的回应。

儿童期的孩子是习惯形成或养成的重要时期，父母始终都要保持着自觉和终身学习的意识和习惯，要自觉和高度重视孩子这个时期在成长中的一切细节和变化。

07　**13 岁男孩的青春期**　/ 77

青春期阶段的孩子的生理和心理发育正经历着比较快速的发展，具有情感复杂多变、容易动感情、遇事就冲动等共性心理特征，父母越早认识这个阶段孩子的基本个性特征和心理变化特点与趋势，就越有利于更好地陪伴和帮助孩子平稳地度过这一成长关键期。

08　**15 岁男孩的"秘密"**　/ 113

孩子在进入青春期后，由于受到知识、认知、经验和能力等的局限，心理健康一系列问题也就随之出现，作为父母应该在现有的经验基础上对孩子，特别是青春期孩子的成长和发展可能遇到的问题提前有一种预测和准备，努力做到提前了解和掌握这个时期孩子的一些心理特点及其表现。

即将步入成人阶段的 18 岁的孩子，针对这个阶段孩子所面临的成长问题，父母一定要走出一个已是常态化的教育误区，要注意传统的"家长"这一角色的转变，重新构建新型、民主、平等、和谐、友好和相互信任、相互尊重、相互依赖的家庭关系模式。

绪 论

　　在当今社会，一男一女领取了结婚证，成为合法夫妻后就可以合理合法地生孩子了；等到孩子出生，升级为父母后就可以顺理成章地作为家长教育孩子了，这由来已久和司空见惯的一切就在这样看似约定俗成的习惯中一直延续着，也可以说成了一种习惯文化，并且从未改变。

　　夫妻，因得子而天然成了父母，同时也担负起教育的责任，孩子也因此而遇到了人生的第一任老师，且没有选择，也别无选择。孩子从接受教育的那一刻起就完全处于被动地位，接受一种自上而下的教育，即家庭教育。

　　在中国，在成百上千的职业分类中根本就没有"父母"这一职业。但是，从"父母"这一称谓开始出现就与教育必然地"捆绑"在一起，无论专业还是业余，无论对与错还是好与坏。诚然，夫妻可以因生产而自然成为父母，但是，父母未必自然就能成为老师或合格的教育者，两者间并不存在必然关系。换句话说，合格的父母首先应该成为合格的教育者，成为能够履行家庭教育责任的父母。所以，从这个角度来说，教育孩子是人类最重要而又最困难的学问，需要作为父母的家长主动、自觉地接受相关的培训和教育。在我们的家庭教育中，始终存在着一种"天然"的不合理，或是一种怪现象，即父母或家长是天然的教育者，而孩子始终或永远都是被教育者，并且常常是以大压小、以大欺小、以大教小，这似乎一直以来都是合情合理或天经地义的。

正因如此，我们的家庭教育从一开始就注定有"先天不足"的基因，从而带病、带伤上阵，要么磕磕绊绊，要么不伦不类，要么稀里糊涂，要么背道而驰。作为一个人最初接受教育的前沿阵地，就没有打下或者说很难打下良好的基础，甚至从一开始父母的角色就发生了错位、缺位和越位，往往看似朝着正确的教育方向在努力，反而是与教育的本真渐行渐远，有时还会因用力过猛而走向反面。

因此，教育，特别是家庭教育从来就不应该是单向的，而恰恰是双向的和相互的。从理论和原则上说，只有那些具备相关能力和正确方法的人才能成为教育者，反之首先只能成为被教育者。我们必须彻底改变陈旧和错误的家庭教育理念，回归教育的正轨，让教育者即父母成为合格、有能力和懂方法的从业者，真正担负起家庭教育中父母的应有职责，让被教育者即孩子在家庭教育中切实受益，获得正常和健康的成长。

正如《孩子是父母最大的事业》一文所提出：我们教育的重中之重，不是教育孩子，而是教育父母。既然孩子被形象地比喻为一旦出生就不能"退货"，更不能重新来过，那么，我们只能顺势而行，积极培育，向上向好发展。犹如苏霍姆林斯基所说：建立和巩固家庭的力量 —— 是爱情，是父亲和母亲、父亲和孩子、母亲和孩子相互之间的忠诚的、纯真的爱情。所以，居里夫人早就坚定地这样认为：一家人能够相互密切合作，才是世界上唯一的真正幸福。

因此，身为家长的父母只有找准自己的定位，并自觉学习和主动接受专业教育，才能真正地担负起"父母"这一神圣的职业，并且意识到，其实育儿的过程，就是让父母越发优秀的一个成长过程，养育孩子，也是一种成长，一种相生相伴的共同成长。

在我们的家庭教育中，父母除了有作为家长的教育责任外，还有一个最重要同时也是终身的任务就是用爱陪伴孩子成长，营造良好的亲子关系，它不仅是家庭教育的基础与前提，更是核心。良好的亲子关系是家庭教育中亲子教育的重要基础，只有在和谐、和睦的亲子关系状态下，孩子才会真正地尊重父母，主动接受父母的教育。父母要想更好地教育孩子，就需要与孩子建立良好与亲密的关系，就需要学习积极和有效的沟通方法，掌握好亲子沟通这门艺术，就成了每一个为人父母者在教育"执业"中一门不可或缺的必修课。

好的家庭教育和亲子关系首先从陪伴开始，从倾听入手，真正走进孩子的内心世界，才能知己知彼，成竹在胸。只有了解并读懂孩子的真实内心，父母才有可能和机会接近并教育孩子；而孩子也才能在被温暖和感动中大胆地表达和诉说，实现真正的情感互动和爱的教育。正如法国著名作家莫泊桑所说：我们几乎是在不知不觉地爱自己的父母，因为这种爱像人的活着一样自然，只有到了最后分别的时刻才能看到这种感情的根扎得多深。这段话的确发人深思。

01

新生宝宝开口了

　　本篇关注的对象是新出生的宝宝，这个阶段的孩子有独特的传递某种信息和表达特定情绪的方式，父母需要去细细品读和判断，争取在第一时间给予回应和支持，为亲子关系在初始阶段打下良好和坚实的基础，为日后的家庭教育实施和发展提供合理与科学的源头保障。

亲爱的爸爸妈妈，感谢你们把我带到这个世界上来，原来这是一个比妈妈的肚子里还要大很多很多的地方，从此我不用再卷曲着自己的身体，可以随便地伸懒腰了，不舒服了我还可以大声地哭出来，让你们在乎我、照顾我，我再也不用闭着眼睛去猜来猜去了，我喜欢各种各样的颜色，但是我更喜欢你们身上的味道和温度。

亲爱的爸爸，您还记得我第一次是怎么和您打招呼的吗？妈妈一定告诉过您，因为这都是我们人生的第一次，所以我们都要记住。那是在我出生前不久的一个早晨，当您把一只耳朵轻轻地贴在妈妈圆鼓鼓的肚子上想听我的动静时，突然被我用力地"踢"了一脚，好像把您还吓了一跳，您不会生我的气吧？哈哈！不会的，不会的。妈妈告诉我了，我"踢"您的那一脚不仅让您高兴到今天，您还到处得意地去向别人讲述我那一脚的故事。这就是我对您、您对我神奇又快乐的第一印象吧！我可是已经牢牢地记住了，永远都不会忘记了！

亲爱的妈妈！我从小就在您的肚子里长大，一分一秒也没有离开过您，不知道您是怎么把我喂大的？不知道我在您的肚子里待了多长时间？不知道我在里面淘气不淘气？也不知道您喜欢不喜欢我？反正我知道，不管怎么样，您是我的妈妈，我是您的宝贝。对了，我还是爸爸的儿子呢。您告诉过我，我只是不小心"踢"过爸爸一脚，让他到今天还津津乐道着。可是对您就不一样了，我为了能够早点儿从您的肚子里出来，特别是快要出生的那几天，我没少对您"拳打脚踢"，我猜您一定很讨厌我吧？还没有出生就这样的调皮捣蛋。妈妈，其实我就是想早点儿出来跟您和爸爸见面，我已经在您的肚子里待够了，早就有人在我的梦里告诉我了，妈妈肚子外面有着一个五颜六色的世界，真是精彩和漂亮极了！

　　亲爱的爸爸妈妈，你们可千万不要生我的气哦，我不是不听话，我就是因为太想你们，太想看见你们的样子，太想让你们抱着我了，所以才"闹"着要出来的！其实，我是哭着出来才见到你们的，但是你们却是特别高兴看见我的，这是为什么呢？到现在也没有人告诉我，也许今后我长大了就明白了。

对父母的提示

虽然只是一个刚刚出生的婴儿，他（或她）还没有任何认知的意识和能力，只有在母亲十月怀胎里最初级和简单的生命体验；但是，从生理和心理学的角度来看，就是在这个最原始的阶段，孩子其实已经在为今后的认知积累基础性的"经验"了，所以，绝对不能因为他（或她）只是一个嗷嗷待哺的婴儿而完全忽略了其看似没有明显反应的点滴感受。

虽然婴儿的上述"心声"完全来自我们的童话模拟，并非是他（或她）的原话，也根本不可能是。但是，这些所谓的表达绝不是什么空穴来风，而是符合婴幼儿生长实际和心智发展规律的，其中的原理和道理都是有一定和相关依据的，目的就是从孩子出生的那一刻起，初为父母的我们就能够具有"教育"的安全意识，并从一开始就能重视自己在孩子面前的言行方式与习惯养成，从而带给孩子一切积极和健康的影响。

这个阶段的孩子往往是通过肢体和表情来向大人传递某种信息和表达特定情绪的，尽管有时候是无厘头的，但是需要父母或大人去细细品读和判断，争取在第一时间获得正确领悟并及时给予回应和支持，为亲子关系在初始阶段就打下自然、和谐、良好和坚实的基础，为日后的家庭教育实施和发展提供合理与科学的源头保障。

02

两岁半男孩有话说

    本篇关注的是婴幼儿期，这是孩子性格和气质特征形成的重要时期，他们最重要的需求是对于情感与爱的需求，这个阶段的父母要给予孩子高度的重视并及时做出积极、耐心和友好的回应，让孩子在第一时间就能获得最好的心理感受和安全感，为今后身心全面发展打下良好和坚实的心理基础。

爸爸妈妈，我已经不是一两岁的小孩子了，我很快就要3岁了，就要上幼儿园了，马上就会有很多小朋友和我一起玩了，我真是开心极了！

我现在已经会做很多事情了。你们教会了我自己吃饭，自己收拾自己的玩具，自己去上厕所，自己睡觉……反正就是让我自己去做自己的事情。但是，你们知道吗，有的事我一学就会，有的事学了好多次还是不会做，怎么也做不好。是不是要等到我长大以后就什么都会做，都会做得很好了？如果是这样，我真的希望我能快快长大，成为一个什么都会做的人！

爸爸妈妈，可是有一件事我一直都不明白，你们能告诉我是为什么吗？我知道，你们是这个世界上最爱我的人，不然你们也不会高高兴兴地把我生出来。从我出生的那一天起，你们和爷爷奶奶、姥爷姥姥就每天都围在我的身边，我成了你们最喜欢、最疼爱和最重要的人。妈妈每天开心地喂我奶，爸爸总是把我从头到尾地亲一遍，好像怎么亲也亲不够；爷爷奶奶和姥爷姥姥他们每天都会争着来逗我和抱我，有时候还会叽叽喳喳地指着我说些什么。也许是在说我长得漂亮和可爱什么的吧，因为你们的笑容都是一样的，都是因为特别的喜欢我才会笑成那个样子的。反正我知道，我一出生就被你们所有人的爱紧紧地包围了！小宝贝儿、小可爱、小开心、小少爷、小祖宗……一下子给我起了那么多的名字，每天就这样轮换着叫着我，我都不知道我到底应该叫什么了，不管了，你们高兴叫什么就叫什么吧！

但是，我不明白的是，为什么我开始一天天地长大后，你们好像就没有以前那个时候的耐心了，特别是我会说话和会走路以后，你们就开始变得有些急了，笑容也变得少了，有时候说话的声音也变大了，还吓到我好几次呢！反倒是爷爷奶奶和姥爷姥姥他们对我一直都没有变化，还像最初的那样喜欢我，对我笑，和我慢慢地说话，你们跟我急的时候他们还批评过你们呢，你们还记得吗？爸爸妈妈，我现在能不能问你们一个问题呢？为什么你们现在不能像我小的时候那样对我笑，对我好了？可是，我还是我呀，但是，你们好像已经不是以前的你们了！难道你们开始不太喜欢我，也不想爱我了吗？到底我做错了什么让你们不能像以前一样的对我了？我可是你们一直在嘴里念叨的心肝宝贝啊！爷爷奶奶和姥爷姥姥可是可以给我作证的哦！要不现在你们就好好地问问他们。

　　亲爱的爸爸妈妈你们好！我要你们的笑，我更要你们的爱！我要你们回到从前，回到开开心心爱我的那个时候，我要你们永远都这样和我、和爷爷奶奶、姥爷姥姥在一起，这样我才快乐，我才什么都不怕！爸爸妈妈，你们听懂了吗？你们能做到吗？你们真的一直都会像以前一样爱我吗？

对父母的提示

育儿是一项专业工作，也是父母一生的事业，所以需要学习，需要科学的依据。从孩子出生开始，就要重视婴幼儿阶段的认知能力特点和反应变化。这是孩子向大人传递积极而有效信息的手段和机会，也是这个特殊时期双方进行交流与互动的特有方式。这一点，在我们以往的家庭生活和教育中基本上是容易被忽视或缺失的。

根据相关研究发现，0~3岁婴幼儿心理与认知发展包含很多方面，其中感知觉能力、记忆能力、思维能力、想象能力、情绪、情感特点和气质特点等都是全面与和谐发展的重要方面。这个时期的孩子对周围环境的好奇心，就成了今后认知能力发展的内在动力。如3岁儿童的认知能力，将是他们所有能力、技能与情感行为习惯发展和形成的基础，也是他们今后开始学习和求知的基础。这对于他们未来的语言、动作、行为和心理发展有着十分重要的影响和作用。

在我们的传统习惯和思维方式中鲜有父母去在意一个处于婴幼儿阶段孩子的一些行为细节，如一哭一闹的情绪释放和支支吾吾的语言（或语音）表达。因为大人会自然而然地认为这么小的孩子什么也不懂，只要没有风险或危险就不用去理会，哭一会儿或哭累了也就没事儿了。但是也正因为这样不合理的认知问题，让父母彻底错过了及时感受、了解和认知婴幼儿时期孩子最原始、最初级、最简单和最朴素的生理和心理反应与需求，失去了与孩子积极和有效的互动与交流机会，从而丧失了亲子关系雏形建立的最佳时机和基础，给之后一系列初始的习惯养成埋下了先天不足和不利的种子。

这个年龄段的孩子最大的需求是对情感与爱的需求，他们对于来自父母或大人的任何一点情绪和情感的变化都会十分敏感，这一点又是影响他们以后性格和气质特征形成的重要因素。因此，这个阶段不仅不能轻视和忽略孩子看似无厘头或小儿科式的无序反应，反而要给予高度的重视并及时做出积极、耐心和友好的回应，让孩子在第一时间就能获得最好的心理感受和安全感，为今后的身心全面发展打下良好和坚实的心理基础。

03

5岁小女孩的悄悄话

　　本篇关注的是儿童期，这个年龄段的孩子正是习惯形成或养成的重要时期，特别是思想意识、意志品质和道德水平等关键素质的培养。父母始终都要保持着自觉和终身学习的意识和习惯，首先成为孩子学习和模仿的榜样。以小见大，父母要自觉和高度重视孩子这个时期在成长中的一切细节和变化，从而获取及时、合理和正确进行教育与干预的机会。

爸爸妈妈，我现在的心情是高兴，又不高兴，我不知道怎么做才好。我不高兴是因为我还不想离开幼儿园，不想这么早就和小朋友们分开，我和他们还没有玩够呢。昨天倩倩还和我约好了下个月我们一起过生日、一起吹蜡烛、一起切蛋糕、一起许愿呢！我高兴是因为我特别羡慕小梅姐姐已经上小学了，她还背着一个特别漂亮的大书包，每次见到我，她都要跟我说在小学里很多开心和有趣的事情，还有学校组织他们去春游的故事，所以我又想马上变成一个小学生，能和她们一样有很多很多的新同学和好朋友，还能去很多在幼儿园没去过的地方。要是我能上小学，成为一名小学生，我就长大了，就是大小孩了，就能做很多很多事情了，没准我还能当上班长呢，到时候你们是不是也会为我感到特别开心呀！

爸爸妈妈，我上大班以后，你们总是在外面和别人说我长大了，懂事了，说我已经能够帮着你们做一些事情了，所以，叔叔阿姨们都在表扬我，夸我能干。可是，回到家里有时候妈妈就会说我动作慢，爸爸有一次还说过我有点笨。

我记得我上中班的时候，你们带我去学游泳。那个时候因为我还小，所以就有点怕水。爸爸刚把我抱进水里的时候我就缩成了一团，身体都在不停地发抖。后来，是因为我看到旁边有几个小朋友也在学，好像并不可怕，所以我才答应爸爸跟着教练叔叔一起学的。叔叔一开始的时候还挺好的，耐心地在地上教我们各种动作，一遍一遍地学习练习，因为没在水里，所以也就不害怕。但是，叔叔让我们下水的时候，他就变成了另外一个人，说话声音越来越大，人也变得越来越凶，小朋友们都很怕他。慢慢地，等我们学会了第一个泳姿蛙泳后，小朋友们就不怕水了，也不紧张了，叔叔还让我们比赛，我还得了第二名呢，后来我就开始喜欢上游泳了。

　　但是，突然有一天我就不想再学游泳了。因为爸爸老逼着我跟教练叔叔学仰泳和自由泳；我太累了，有时候就学得慢，有时候又不想学，所以妈妈就开始越来越急，也越来越没有耐心，我又开始变得紧张起来。我好不容易都学会了蛙泳，叔叔也一直在夸我游得越来越快、越来越好了，慢慢地就能学会其他泳姿的。可是，你们为什么要这么着急？为什么要让我学得这么快？我还小啊，我又不是运动员，我已经很努力了，不信你们也下水试试，看看是不是像我说的一样。爸爸妈妈，你们让我慢慢地学好吗？我已经喜欢游泳了，叔叔还说我只要一下水，就如鱼得水了。只要你们不着急，不逼我，我就一定会坚持学下去，也许长大以后我还能拿冠军呢！

　　爸爸妈妈，我可以背唐诗，但是我不想学数学，就不能等到我上小学后再学吗？我都没有时间画画，没有时间和小朋友玩了，我求求你们了，行吗？我不想因为学习，特别是妈妈给我报的课外班的事总被你们说，有时候你们还会跟我生气，有一次妈妈还大声地吼过我，我好害怕呀！原来我们一家人都是开开心心地在一起，每天都是有说有笑的；为什么我开始一点点长大了，开始学习一些东西了，你们就会因为我动作慢，或者学得慢和我着急，有时候我都哭了，妈妈还在不停地说我，批评我，我真的烦死你们了，真的讨厌妈妈为什么为了学习就不爱我了，我真的难受极了！你们能不能问问我喜欢什么，不喜欢什么呀？为什么非要逼着我去做你们喜欢，但我又不喜欢的事？爷爷在家里不是跟你们说过，要让我快乐成长吗！难道你们忘记了吗？要不要请爷爷再好好地跟你们说一遍呢？反正我知道，你们一定会听你们爸爸的话。我现在还记得，有一次要不是爷爷生气了，你们还在为了我学习的事争来争去、吵来吵去的，差一点饭都吃不成了，弄得奶奶也特别不高兴，所以爷爷的话才管用。

爸爸妈妈，我爱你们，但是我不喜欢你们现在动不动就生气和发火。小时候，妈妈在给我读书和讲故事的时候总是对我说，一个人从小就要学会善良，要有爱心和耐心，这样才会有朋友，才能快乐地成长。可是，你们都已经是大人了，为什么你们还要着急，还会和我生气呢？你们都是大人了还做不到，为什么还要让我做到呢？大人不是应该讲道理吗？我长大了，我也会讲道理的，只要你们不着急、不随便生气，好好地和我说话，我就会越来越懂道理，懂的道理也会越来越多，你们一定要相信你们的宝贝儿女儿啊！

对父母的提示

　　父母就是孩子的一面镜子，你想让孩子成为什么样子，你就先成为什么样子；你不想让孩子怎么样，你就先一定不要怎么样。俗话说，种瓜得瓜，种豆得豆。其实，婷婷所有的表达都是在向自己的父母明示这一显而易见的道理，并且充满了童真的逻辑和愿望，是多么的可爱和可贵！

　　父母始终都要保持自觉和终身学习的意识和习惯，首先成为孩子学习和模仿的榜样。父母权威并非强制和武断，反而恰恰是一种自我约束和以身作则的强大力量。

　　我们来对婷婷的这封来信进行分析后发现：

　　第一，从心理学的角度来看，5岁的婷婷已经具有了一定的认知能力，对接触的人和事有了自己直觉和初步的感知与判断，并且开始了选择性的尝试，进而从父母的反应与反馈中去再次感受，重新认知。所以，这个阶段和这种时候父母做出的反应无论是对于孩子的尊重、在意，还是对于亲子关系的递进、发展都将有着很大的作用和深刻的影响。因此，父母不仅要耐心倾听孩子的心声，还要用心与孩子进行积极和针对性的沟通与交流，进一步了解和掌握孩子生理变化和心理需求，以及气质和性格特点与走向，从而建立起畅通而互信的沟通渠道和良好而亲密的亲子关系基础，切实促进家庭氛围和情感建设。

第二，从哲学的角度来看，存在决定意识。婷婷这个年龄段的孩子正是他们对所处或外在环境变化越来越敏感的时期，他们往往会因为特定环境而形成某种意识或认识，从而影响着自己的言行走向与趋势，所谓近朱者赤，近墨者黑。从某种角度上说，环境因素有时候也会起到一定的决定性作用。所以，父母一定要重视一切环境因素与变化可能对这个时期的孩子所带来的不同程度的影响。

第三，从教育的角度来看，这个年龄段孩子正是他们一系列习惯形成或养成的重要时期，特别是思想意识、意志品质和道德水平等关键素质的培养。以小见大，所以从这个时期开始，父母就要自觉和高度重视孩子在成长中的一切细节和变化，从而获取及时、合理和正确进行教育与干预的机会。

7岁小男孩上学啦

本篇关注的是小学入门阶段的孩子，他们的心理健康状况和变化趋势有时容易被父母所忽略，但这又是非常重要的孩子成长与教育问题。基于此，父母首先要搞明白孩子的真实情况（如身心状态、情绪变化、行为方式等），重视孩子的语言表达特点与情感需求，才能贴近孩子，渐渐走进孩子的内心世界，才能找到解决问题的方向和方法。

　　爸爸妈妈，我终于成为一名小学生了！新的学校、新的校服、新的书包、新的教室、新的老师、新的同学、新的朋友，除了我们住的地方没有变以外，所有的都是新的了。但是，到现在我还是很想念我小时候的小玩伴们，真的希望以后我还能和他们在一起玩。我觉得还是在幼儿园的时候是我玩得最开心的时候，因为那个时候没有作业，放学后就可以和小朋友们一起开开心心地玩，不像现在，每天放学回家就要写作业，越来越多，写不完的各种作业，真是烦死了！

　　爸爸妈妈，你们还记得我上小学前答应我的事吗？现在都快上完一个学期的课了，你们说的话还会算数吗？你们不会真的在骗我吧？老爸，从小您就这样对我说："男子汉一定要是一个说话算话、言而有信的人！"我一直都记得您的这句话，可是好像您已经忘记了。老妈，当时您可是和老爸一起答应我的，您不会也忘记了吧？我都和班上的好几个同学说了好几次了，他们也一直在问我什么时候才能让他们看到我的亲密伙伴"吉娃娃"呢？

　　现在，老爸说一是没有找到合适的品种，二是担心会分散我的注意力，影响学习；老妈说怕我不会打理小狗，会把家里弄得很不卫生。这么说，你们就是要说话不算话，不给我买了呗？你们的理由我是根本不接受的，我能做到我才向你们提出这个请求的。别的小朋友能做到的事，我一定也能做到。我已经做了很长时间的准备了，我请教过同学，也咨询过小莉姐姐，还在网上查了所有的喂养方法和技巧，还有如何处理误食东西和生病等情况，还准备了很酷的四季小衣服和各种玩具、用具。总之，现在已经是万事俱备，就等着你们尽快把它买回来了。在你们看来它也许只是一个小动物，可有可无，可是它对于我来说就是一个非常重要的小伙伴，也是我每天都会和同学朋友谈论的重要话题，更是我体验关爱小动物和亲近自然的一件非常有意义的事情，我把它的名字都起好了，又帅，又可爱！

我突然想起了老妈曾经给我讲过的一个小故事，它告诉了我言而有信的道理，到今天我还记得清清楚楚：

梁颢是宋朝人，他的父母早逝，由叔父收养。梁颢后来在科举考试中表现出色，被选为状元。梁颢自幼喜好读书，可是他叔父的家境贫寒，买不起书。梁颢只好借别人的书，连夜抄出来，然后再仔细钻研。他不但对借来的书籍倍加爱护，而且向来是说什么时候还就什么时候还，很守信用。

一个冬天的晚上，梁颢又在抄书，灯光微弱，屋子里还冷得出奇。这样他抄了一会儿，就冻得手脚僵硬，眼睛也累得发酸。于是他不得不停下笔，活动活动手脚，放松一下眼睛，然后再抄。可是，当他再一次提起笔写字的时候，毛笔已有些僵硬了，他没有在意，又在砚台里蘸了一下，继续写字，但是只留下了淡淡的墨迹。梁颢仔细观察才发现，毛笔上的墨已经有些冻结了，砚台里的墨汁也已经结了冰。他赶紧把砚台举到灯火上面，看着砚台里的冰慢慢地融化为冰花，随即又消失，然后赶快提起笔蘸着墨继续抄书。

他的叔父睡了一觉醒来，发现梁颢屋里的灯还亮着，于是就披衣起床，推门走到梁颢旁边，心疼地说："颢儿，今天你从早到晚抄了一整天，现在又抄到了大半夜，天又这么冷，这样会搞坏身体的。快收拾一下睡觉去吧，明天再抄也不迟。"

梁颢说："这可不行，我已经答应人家，明天就把书还回去了。要是今晚抄不完，明天还了书，我就没什么可读的了。"

叔父笑笑说："傻孩子，他们家里有好多书，不等着用这一本，你跟他们说明情况，晚还一天也没什么要紧的。"

小小的梁颢一脸严肃地说："做人要讲信用，我怎么能因为这点小困难就失信呢。我答应明天还，明天就一定要还。"说完，就又低下头继续抄书。第二天，梁颢按时把书送还了主人，主人惊讶地说："我以为你说两天是指几天的意思呢，没想到你这么快就读完了。"梁颢说："我还没有仔细读，只是连夜把它抄写了一遍。"那人一听，惊得目瞪口呆，说："你真是个诚实守信的好孩子，将来一定会大有作为的，我这里还有很多书，你要借哪一本都可以，什么时候还都行。"梁颢急忙向他道谢，后来就经常去借书，而且总是按时归还，从没失信过。

老爸老妈，这就是从小你们跟我讲过的故事，我很喜欢这个故事，所以我一直都记得。我愿意做一个这样的人，一个言而有信、被人尊重和喜欢的人。我相信，你们也一定希望我能成为这样的人，成为让你们永远都感到骄傲的人。但是，我就是不明白你们为什么有的时候说的和做的不一样呢？而且还非要让我接受你们根本没有道理的决定。如果我不听你们的，你们就会和我急，甚至还会对我发火，这是让我最不开心、最难受和最讨厌的事情！

你们为什么不愿意相信自己的儿子呢？让我按照自己的愿望去努力尝试一次，去锻炼一下我自己独立做事的能力，就像你们说的一样，总要让我学着自己长大。就算是我做得不够很好，或者做失败了，也没关系呀，你们不是跟我说过"失败是成功之母"吗！那我也就明白很多道理，也就学会怎么长大了。

对父母的提示

随着孩子一天天长大，父母的教育观念和方式一定要实事求是，与时俱进，切忌机械、教条和片面化。一方面要关注孩子学业发展实际与存在问题；另一方面要关注孩子身心平衡发展中的匹配程度，即心理健康状况和变化趋势，这是掌控孩子发展的"全局"的基础和前提。

作为父母，应该时常向自己提出这样一些问题：当今孩子的真实情况是怎么回事？自己的孩子与别的孩子相同与不同之处是什么？自己的孩子的特质与特点是什么？自己的孩子究竟是什么样的人？……假如我们一直在表象中徘徊和纠结，而不能从本质上去把握，那么，无论我们的家庭教育也好，还是我们的学校教育也好，都不会踩在教育的关键点子上。

将心比心，其实孩子和大人一样，也会有苦恼和痛苦，只是我们或者根本没在意，或者没有耐心，或者从来就没有深入了解的意识与愿望。时代在变，人的思想和意识，特别是心态也随之在变，因此，父母的育儿和教育观念也应该做出相应的转变。

对于一个家庭而言，"信用体系"的建立与维护应该成为孩子成长过程中最亲密的心理和精神"伴侣"，成为良好亲子关系的心灵滋养，成为家庭温暖、和谐和健康发展的坚实保障，特别是成为支撑孩子一生向着积极、阳光、健康、快乐和全面发展的强大力量。在这个案例中，年仅7岁的小勇不仅没有因为父母的失信而哭闹，也没有因为父母未能满足对自己的承诺而歇斯底里；反而是先主动控制住自己的不良情绪，再选择心平气和地与父母摆事实、讲道理，以求父母尽早地"回心转意"，进而能够实现自己期盼已久的小心愿，与吉娃娃为伴，一起快乐成长。就在这样看似不知不觉中，小勇智慧与大气地来了一个"华丽转身"，成功而巧妙地完成了与父母之间教育者与被教育者的角色转换。

从有利于孩子身心健康发展的角度来看，不要让孩子过早地背负起情感负担。年仅7岁的小勇在这样一个低龄的年纪就主动和智慧地承担起了化解家庭矛盾的责任，他的父母又是怎样的"身在福中不知福"呢？小勇一方面要看父母的脸色行事，不刺激和伤害父母，把对父母的亲情放在第一位；一方面还要为父母未来的幸福感"负责"，他认为只有听父母话、满足父母对自己的所有要求才能回报和对得起父母的养育之恩。面对如此可爱和懂事的儿子，父母最好的选择或许就是低下头、俯下身子真诚地说一句"对不起"，然后好好地重新爱儿子一回，找回一家人本该拥有的那一份幸福和快乐！

当今，三四岁的孩子都会出现"发呆"的时候，更何况已经是7岁有余的小勇呢。我们要多关注孩子们，想想他们的小脑袋里装着什么？他们又在想些什么？一旦出现类似案例中的迹象和问题，困惑和痛苦可能就开始伴随他们，随之渐渐地出现心理相关问题，这恰恰是常常被父母所忽略，但又是孩子成长与教育中非常重要的问题。因此，父母首先要搞明白孩子的真实情况（如身心状态、情绪变化、行为方式等），重视孩子的每一句语言表达与每一次情感释放，才能贴近孩子，渐渐走进孩子的内心世界，才能找到解决问题的方向和方法。

05

11岁男孩在长大

　　本篇关注的是进入青少年初期的孩子的心理特征，面对着现实中的小升初及中考等学业压力，一些父母在孩子教育上的期望值过高，直至超出了孩子成长的实际，完全忽视了适龄孩子的实际发展水平和特点，反而使孩子丧失了学习和上进的兴趣与勇气。父母只有懂得了"教育即生长"的真正内涵与其中的道理，才有机会和可能担负起家庭教育的责任，才会找准教育的正确定位，即智育、德育和美育。

　　爸爸，我想爷爷了！为什么他和奶奶走了以后就再也没有回来？是生病了，还是没有时间，还是不想我们了？因为，平时您和妈妈都很忙，都是爷爷在陪我，奶奶在做饭。爷爷任何时候对我都非常耐心，从来没有和我大声说过一句话，他不仅是我们家里岁数最大的，还是脾气最好的，更是最和蔼可亲的一个人；所以，我喜欢爷爷、想念爷爷，更盼着能早点见到爷爷。

　　从小，爷爷就跟我讲了很多您小时候的事。他说，那个时候你们家里条件很不好，因为孩子多，所以家里生活负担很重，不仅每天都要省吃俭用，还要想办法到外面去做一些事，赚一点钱来补贴家用，关键是要供大伯、供您和小姑上学。爷爷每天都早出晚归，甚至有时候都回不了家；奶奶也是每天在家里从早忙到晚，根本没有休息的时间，他们都非常非常的辛苦！

　　爷爷说，您从小就是家里最懂事的孩子。您除了学习外，每天都会去帮着奶奶做一些家务，不怕苦，不怕累，更不怕脏，家里人的脏衣服基本上都是您洗的。您总是把爷爷从外面带回来的好东西留给小姑姑吃，每次您都会说"我已经吃过了，你赶快吃吧！"其实您根本就没有吃过。每次爷爷奶奶说到这里，他们都会流泪和难过一阵子，我听了也很感动，为我有您这样一个好爸爸感到自豪！所以，爷爷总是说，在家里的几个孩子中，他们最喜欢的就是您！我觉得应该也是这样的，因为您不仅懂事，而且也是付出最多的，所以才得到爷爷和奶奶的"偏爱"！

　　爷爷说到您刻苦学习的时候，我就想起了我们的语文老师讲过的几个励志小故事，这些故事到今天还在影响着我。

第一个是关于大书法家王羲之的故事。

很久以前，有一个叫王羲之的小男孩，他自幼酷爱书法，几十年来锲而不舍地刻苦练习，终于使他的书法艺术达到了超逸绝伦的境界，后来被人们誉为"书圣"。王羲之13岁那年，偶然发现他父亲藏有一本《说笔》的书法书，便偷来阅读。他父亲担心他年幼不能保密家传，答应待他长大之后再传授。没料到，王羲之竟跪下请求父亲允许他现在阅读，他父亲很受感动，终于答应了他的要求。王羲之练习书法很刻苦，甚至连吃饭、走路时都不放过，真是到了无时无刻不在练习的地步。没有纸笔，他就在身上划写，久而久之，衣服都被划破了。有时练习书法达到忘情的程度。一次，他练字竟忘了吃饭，家人把饭送到书房，他竟不假思索地用馍馍蘸着墨吃起来，还觉得很有味。当家人发现时，已是满嘴墨黑了。

这个故事对我的启发很大，我翻阅了历史书，上面记载说王羲之常临池书写，就池洗砚，时间一点点过去，池水尽墨，因此被人称作"墨池"。现在绍兴兰亭、浙江永嘉西谷山、庐山归宗寺等地都有被称为"墨池"的名胜，可见王羲之的影响是多么的大！

第二个是史学家司马光的故事。

北宋时期，有一个叫司马光的调皮小男孩，他在父母和先生眼中是个贪玩贪睡的孩子；为此，司马光没少受先生的责罚和小伙伴的嘲笑。但是，后来在先生的谆谆教诲下，司马光决心改掉贪睡的坏毛病，比如，为了早早起床，他睡觉前喝了满满一肚子水，结果早上没有被憋醒，却尿了床，怎么办呢？聪明的司马光又想出一个办法，他用圆木头做了一个警枕，早上一翻身，头滑落在床板上，自然惊醒，从此他天天早早地起床读书，坚持不懈，终于成了一个学识渊博的，写出了《资治通鉴》的大文豪。

下面的这个小故事是我最在意，也是对我影响最大的励志故事，只要爷爷一提到您小时候努力学习的时候，我就会想起这个故事，而且每次都会很受感动。

距今两千多年的汉朝，有一个非常勤奋好学的少年，名叫匡衡。他小时候家里很穷，但他却十分热爱读书，白天去做工，晚上回来才有时间读书。因为家里穷买不起蜡烛，他只好硬着头皮去寻求邻居的帮助说："我晚上想读书，可我们家买不起蜡烛，我能不能借用你们家的一寸之地呢？"这个邻居从来都看不起比他们家穷的人，所以就恶狠狠地挖苦说："既然你们穷得连蜡烛都买不起，还读什么书呢！"匡衡听后非常的难过和气愤，这天以后，他痛下决心，一定要想尽一切办法把书读好！

有一天，匡衡突然冒出一个特别的想法，他悄悄地在家里对着邻居家的一面墙上凿了个小洞，邻居家的烛光就可以从这个小洞中透过来了。从此，他就借着这从小洞里透过来的微弱光线，如饥似渴地读起书来，时间一天一天过去了，家中的书就这样被他全都读完了。后来，匡衡成了一位远近闻名和博学多识的人。

爸爸，和您说实话，除了这些励志的故事和名人外，您也是我学习的榜样，爷爷也是一直这么对我说的。但是，现在我发现一个问题，就是您也是当爸爸的，怎么您和您的爸爸就不一样呢？我的爷爷也就是您的爸爸，在您小时候就一直在夸奖您和鼓励您，一直都是在支持您好好地学习，从来都没有骂过您，更没有打过您，您是一个多么幸运和幸福的孩子呀！我也是一个儿子，可是，怎么就没有像您一样的福气呢？您也是一个爸爸，怎么您就不像爷爷那样对我耐心呢，怎么就不像爷爷一样地鼓励我、夸奖我呢？您有时候还会大声地吼我、威胁我，所以，我一直就不明白为什么爸爸和爸爸会完全不一样呢？像爷爷这样的好爸爸该有多好呀，所以才培养出您这样的好孩子。可是，您为什么就不能像爷爷这样对待您的孩子呢？难道我不是您的亲儿子吗？如果您能像您的爸爸一样，他怎么对您、您就怎么对我，那该有多好啊！我也会像您一样成为一个特别懂事的孩子，认认真真地努力学习，成长为像您一样优秀的人。所以，我现在特别想念我的爷爷，您的爸爸，希望我能尽早见到他，越快越好！

　　妈妈，我知道您天天在为我的"小升初"着急，一心就想让我上一所很好的初中，之后再考上一所好高中，今后考上一所重点大学，这样就完成你们的任务了。如果我不能按照您的要求和安排去做，比如去上一个个辅导班，每天还要完成大量的练习题和模拟考试卷，您就会跟我着急，和我生气，甚至对我大喊大叫。但是，您知道我的感受和想法吗？本来我的学习还排在班里的前面，并没有太大的压力，我自己知道该怎么学习。您突然给我报了这么多辅导班和补习班，我每天出了这个班又进了那个班，连吃饭的时间都没有，每次都是匆匆忙忙地对付几口，废寝忘食。学校老师布置的作业已经很多了，我有时候做都做不过来，上了辅导班回到家还要做这些老师们布置的作业和练习题，我怎么受得了呢？您弄得我现在越来越不想学习了，觉得学习越来越没有意思了，有时候我只要一拿起笔，我就头晕，想吐！

　　妈妈，每天我一睁开眼不是学习，就是您没完没了的催促；晚上一闭眼不是没有做完的作业，就是一道道等着我的练习题。我受不了了，我不喜欢这样的学习，我更不愿意过这样除了学习还是学习、除了作业还是作业、除了练习题还是练习题的生活！这样的日子一点意思都没有！我一点都不快乐，全是压力和痛苦！您去问问姥爷姥姥，问问您的爸爸妈妈，是不是您的童年也是这样度过的呢？您是不是也有这么多的作业和练习题，每天都没有时间玩，每天为了完成各种作业连觉都不得睡，每天都要东奔西跑地去上课，每天都这样没完没了地熬时间呢？我猜一定不是这样的，因为姥爷姥姥和您从来都没有提过这样的事，不然的话您也不会顺利地长大，过上今天这样的生活。

　　爸爸妈妈，你们都有一个自由自在的童年，你们的爸爸妈妈从来没有骂过你们、打过你们，你们也都顺利地考上了心仪的大学，后来又找到了很好的工作，结了婚，生了孩子。那为什么到了你们自己当爸爸妈妈的时候，你们就不像你们的爸爸妈妈一样来对待自己的孩子呢？你们经常对我心急火燎的，根本不听我说完话，就强迫我完全按照你们的意思和要求去做，越来越不在乎我的真实感受和心情，你们只在乎你们自己高兴不高兴吗？你们每天满眼都是我的学习和成绩，而我每天睁开眼睛看到的不是太阳，是作业。

　　爸爸妈妈，我真的求求你们了，不要让我再这样非常难受地去学习，不让再让我非常不快乐地去生活了！

对父母的提示

　　这个案例中的主人公即11岁的天放既是幸运的，又是不幸的。幸运的是他出生在一个条件较好的知识分子家庭里，父母都事业有成，还有一个无条件爱他和欣赏他的爷爷，让他对爷爷产生了依恋情感，念念不忘；不幸的是他遇到了担心他输在起跑线上的焦虑的爸爸妈妈，让他在一个家里看到和感受到了家庭教育方式的差异性，比如，同样扮演着"爸爸"这一角色，但是，爷爷和爸爸却有着完全不一样的脾气、性格和修养，让天放哭笑不得，又百思不得其解。孩子如此的心理反差、矛盾和纠结的情绪如果不能得到及时的引导与疏解，将渐渐地出现情绪反复波动下的心理健康问题。

　　对于正面临着"小升初"的天放来说，升学本身是一个自然而正常的事和过程，而且也仅仅是他的学业与成长中的重要一步而已，并不能证明或决定他的未来。父母或许一直都在被"不要输在起跑线上"这一教育伪命题影响着、左右着，而孩子才是最终的受害者。天放对妈妈的发自内心的呼喊，就是他对妈妈带着他一直在"抢跑"的坚决"回击"，他想说："我累了！我实在是跑不动了！"所以，父母必须明白一个基本的常识和道理：失去了健康的任何人生"理想大厦"都将是空中楼阁一般，虚幻而无法实现！

　　亲子关系中最重要的相互作用不是说服和说教，而是沟通和交流。当父母将教育功利化和私有化以后，教育就失去了本真的作用和意义，而且用力越大，其反作用就越大。教育，从来就是双向和相互的，岂能是做父母的"一家独大"。如果教育的指挥棒始终掌握在父母的手中，最后变成了"指哪打哪"的绝对权威，那么孩子只能在父母划定的范围内活动，不能出圈，更不能出格。最后，孩子成了父母实现某种特别目的或远大宏伟理想的工具，而且完全被教条和机械化。现在的孩子几乎没有了自己的自由空间和时间，每天都被安排得满满的；有时候难得的释放机会往往还得不到父母正常和积极的回应，甚至还会适得其反，问题就这样一点点、一天天和一次次地被积压在心里，久久得不到缓解和释放，日积月累后，亲子关系开始出现问题和裂痕。

　　当今，家庭教育存在的最大问题之一就是，严重脱离孩子的身心发展实际。父母总是单方面地替孩子超前安排着一切，面面俱到，滴水不漏，至于结果和效果如何基本都不在他们的考虑之列，然而结果确实适得其反，这只不过是父母的"单相思"而已。事实证明，父母在孩子教育上的期望值过高，直至超出了孩子成长的实际，孩子受到的负面影响就更大。即父母给孩子不断提出不切合实际的要求，期望近乎超现实的理想化。

　　大量的事实和研究表明，父母对孩子的期望值越接近客观实际，则孩子受到的激励就越大。但是，如果父母的期望值过高，甚至高到孩子完全不可及的地步，孩子就会彻底失去信心。在当今的现实生活中，很多父母望子成龙、望女成凤心切，对孩子未来的期望过高，希望孩子在自己的全力打造下能成为全才，希望今后能够考上理想的名牌大学，还能出国继续深造，拿到高学历后能找到一份体面和高收入的工作……父母把自己的希望和幸福全都寄托在孩子的身上，甚至不惜一切成本和代价，一心就是为了让孩子能够进入重点小学、重点中学、重点大学。父母的这种急功近利心理完全忽视了适龄孩子的实际发展水平和特点，不但对孩子起不到积极的促进作用，反而会使孩子"望而却步""望而生畏"，从而，使孩子丧失了学习和上进的兴趣与勇气；进而就很容易造成孩子产生忧郁、自卑、呆板、孤僻、对抗、情绪失控、甚至抑郁、严重抑郁等不良性格特征和心理状态。

家庭教育的一个难点在于如何认清和把握教育的本质，这是父母正确履行家长教育职责的前提和保障。"教育即生长，生长就是目的，在生长之外别无目的。"法国思想家和教育家卢梭一语道破了教育的本质。

"教育即生长"，卢梭的这句简单和直白的表述道出了教育的本质，即教育就是要使每个人的天性和与生俱来的能力得到正常、合理的健康发展，而不是把外在的知识简单和机械地灌输其中。然而，不少父母却在盲从中用狭隘的功利尺度去衡量教育。他们一方面认可"教育即生长"；另一方面又给"生长"设定了一个外在的目的，如今后适应社会、混迹职场、有所成就等，似乎没有了这些所谓的一个个目的，生长也就失去了一切价值和意义。如此以功利目标来诠释生长，其结果不仅是彻底背离了生长本身，同时还是对"教育即生长"的另一种否定。

由此可见，父母只有懂得了"教育即生长"的真正内涵与其中的道理，才有机会和可能担负起家庭教育的责任，才会找准教育的正确定位，即智育、德育和美育。智育，就是要发展孩子的好奇心和理性思考的能力，而不是一味地灌输知识；德育，就是要鼓励孩子崇高的精神追求，而不是教条地灌输概念；美育，就是要滋润孩子丰盈的灵魂，而不是盲目地灌输技艺。父母做到以上"三育"之后，剩下的就是耐心地陪伴。陪伴孩子成长，其实就是重回生命最初的美好时光，一段段耐人寻味、值得感恩与珍惜的人生旅程！

06

12岁女孩的"逆反"

　　本篇关注的是孩子的"12岁现象",即孩子开始出现"逆反"现象和情绪,这一青春期逆反典型反应普遍存在于我们的现实生活中,并困扰和影响着大多数孩子和家庭,父母的态度和方式在很大程度上决定了孩子的反应和选择。父母要放下身段,以身作则,要耐心地去倾听孩子的心声,细致地去观察孩子的行为变化,让孩子在第一时间就感受到来自父母的真诚和在意、理解和尊重,从父母对自己的态度和言行中体味亲情和温暖、鼓励和坚持的力量。

爸爸妈妈，你们好！我12岁生日的那天我就想着要给你们写封信，可是过了几天我才拿起笔。前几天我在《表达对父母的感恩之情》一文里看到这样一句话，感触颇深："有一种情，叫亲情，它离幸福最近，且不会破碎；那是一种天长地久的相互渗透，是一种融入彼此生命的温暖。"

爸爸妈妈，我一直在猜为什么你们会那么重视我的12岁生日呢，除了有一个"金钗之年"的名义外，还有什么特别的寓意吗？从我1岁开始，你们每年都会给我过一个生日，插蜡烛、点蜡烛、许愿、吹蜡烛、唱生日歌、切蛋糕、吃蛋糕……还会收到很多生日礼物。也许是因为我真的长大了，越来越觉得这样年复一年的生日Party没什么意思了，每年无非就是大家的一场聚会而已，兴奋一时过后好像什么都没有留下。12岁的这个生日我会牢牢地记住，除了你们的特别用心的张罗外，我的感受已经不一样了，突然间有了很多想法和心理活动。但是，不管怎样，我在长大，我要长大！

从小，我就沐浴在全家人爱的阳光下，是你们无私的爱在滋润着我一天天成长。在你们温暖的陪伴下，我已记不清我有多少次带着甜美的微笑进入梦乡；多少回我含着幸福的泪花投入你们的怀抱。今天，我12岁了，我长大了，在我十几年的人生长河中，我越来越感受到有一个词语最亲切，有一声呼唤最动听，有一个人最要感谢，那就是："妈妈"！在我十几年童话般的人生旅程中，有一种形象最高大、有一双肩膀最坚实、有一双眼睛最明亮，那就是："爸爸"！

现在，我一天天长大了，你们却在一天天变老。你们脸上的皱纹一天天地加深了，你们却把美丽的青春给了我；你们满脸的笑容越来越少了，你们却把温暖的阳光给了我；你们的腰也在一天天地弯曲着，你们却把挺直的脊梁给了我；你们的眼睛已开始慢慢地老花了，你们却把明亮的双眸给了我。爸爸妈妈，我不知道该怎么来感谢你们12年来对我的养育之恩，此时此刻一股热烈的暖流已涌上我的心头，我的双眼也湿润了。

爸爸妈妈是你们给了我生命，给了我认识你们和亲近你们的机会。自从我呱呱落地的那一刻起，你们的爱就像阳光一样，时时刻刻都在照耀和温暖着我。妈妈是您用甘甜的乳汁把我一天天地喂大，爸爸是您用宽厚的肩膀将我一次次高高地托起，让我看见了精彩的世界，您就像一棵大树时刻为我遮风挡雨。母爱如海、父爱如山！你们是我生命中给予我最多的人，你们的爱也是最无私、最真诚和最伟大的，更是不求回报的。

在这12年中让我感到最幸福的就是，有你们和爷爷奶奶、姥爷姥姥的一路陪伴。当我遇到困难时，倾注所有一切来帮助我的人，是你们；当我受到委屈时，耐心地听我诉说的人，是你们；当我犯错误时，不急不缓地安慰我的人，是你们；当我的学习进步时，第一时间和我分享喜悦的人，还是你们。

母爱就像一只船，载着我从幼年走向童年、走向少年、走向未来；父爱就像一片海，给了我一个宽阔的胸怀，一个幸福的港湾。温暖的母爱，点燃了我心中的希望；深深的父爱，撑起了我远航的风帆。每当面对爸爸默默的关爱和深沉的情感，聆听妈妈亲切的嘱托和殷切的期望时，我本该懂得感恩、学会感激你们，但是在很多时候，我往往认为这些都是理所当然和天经地义的，因为，我习惯了接受这种来自你们的自然而然的爱和付出，我似乎已经感觉习以为常，所以，渐渐地我就在麻木中丢失了感动，在司空见惯中忘记了道一声应有的"谢谢！"。你们为我所做的这一切，几乎都是为了我，然而，我又有多少次在当时能真心地感觉到呢？可怜天下父母心啊！当你们因为我做错事而责怪我时，我总会感到委屈，总会在心里埋怨你们。然而，当事过境迁后，我还在为往事纠结而闷闷不乐时，是你们那慈祥的笑容再一次温暖和鼓励了我，你们并没有把我的过错记在心里，更没有因为我的错而给我任何脸色看。你们也没有因为我曾经的顶撞、没有因为我持续的埋怨、没有因为我过分的任性而减弱对我的爱。所以，我非常清楚和自信，就这一点在我的同学和同龄人中我应该是最幸运的！你们知道吗？此时此刻我是多么的惭愧、多么的无言以对、多么的无地自容啊！亲爱的爸爸妈妈，现在，我就想对你们说一声"谢谢"，一声已经迟到却是发自心底的"谢谢"。其实，我也不知道这一声"谢谢"能够代表着什么或代表着多少。但是，我真的不想再错过这次我终于想明白，并鼓起勇气向你们表达的机会了！就像英国谚语所说的：感谢是美德中最微小的，忘恩负义是恶习中最不好的。苏联谚语也说：父母之恩，水不能溺，火不能灭。

鲜花感恩雨露，因为雨露滋润它成长；苍鹰感恩天空，因为天空让它飞翔；高山感恩大地，因为大地让它高耸……我最想、最应该感恩的人，就是我的爸爸妈妈，你们是我生命中最重要的人！你们不仅给予我生命，还给我一个温暖的家。在我人生的航行中，你们就像明亮的灯塔，为我指明前行的方向；你们就像坚实的风帆，助推我驶向希望的远方……"百善孝为先""孝心是生命与生命的交接的链条，一旦断链，永无连接""没有水源，就没有生命；没有父母，就没有我们自己。所以，滴水之恩，当涌泉相报。"等等这些孝道之理我已牢记于心。我现在虽然还不能以涌泉之力来报答你们，但我却可以用泉水之滴去回报你们。我坚信，点点水滴日积月累、永不停歇，终将汇成江河大海。

爸爸妈妈，爱你们无须任何理由。我不仅完全懂得你们对我的爱，我也更加明白了你们对我的一片苦心，那就是希望我能像你们一样，甚至超越你们，成为一个令别人羡慕和喜欢的优秀的人，能够拥有一个美好的人生和未来。说实话，我也想成为这样的人，我更想满足你们的愿望。但是，从我升入六年级开始，有一件事一直在我心里纠结着，让我不知道应该怎么去选择，怎么去做才好。那就是你们，特别是姥爷姥姥经常在家里说的"孝不如顺"，我很难理解这句话的意思。难道说如果不"顺"就是不"孝"吗？我想问的是我们孩子要怎么去做才算是"顺"？我们要去"顺"什么、怎么"顺"？"顺"有什么标准和原则，由谁来评判和掌握？毫无疑问，只要是对的、好的和正确的就都应该去"顺"；但是，如果是相反的我们还要去"顺"吗？难道没有原则，甚至是不对、不应该的"顺"还能叫作真正的"孝"吗？爸爸妈妈，你们的女儿愿意永远都做一个有孝、懂孝和尽孝的孩子，但是，我肯定做不到不情愿、不合理和没有原则的百依百顺！因为，我有我的思想、我的原则和我的选择，否则，我就不是我自己了。

爸爸，您可能不知道，也可能是妈妈没有跟您说，或者您觉得不方便，所以一直都没有主动来面对我已经开始的"生理期"。按妈妈说的，我已经进入青春期了，已经不再是小女孩了，开始长大了、成熟了。

最近以来，虽然我依然能感觉到你们对我的理解和宽容，但是我也开始发现了你们情绪的变化，比如着急、叹气、少语、无奈和不耐烦等过去基本上没有出现过的情况。其实我能猜出个十有八九，你们除了疫情影响和工作压力外，主要是因为我马上面临的"小升初"问题，以及之后的中考和高考。虽然你们没有给我太大的压力，但是我经常会听到你们在讨论我学习和升学问题时出现的不同声音和时不时地争吵，我不仅无法参与，更没有时间和能力去面对这个被你们看来很复杂的问题和难题。但不管怎样，我不希望因为我"小升初"的事让你们产生矛盾和冲突，特别是不希望再因此和姥爷姥姥出现争吵，弄得一家人吵吵闹闹，不痛快、不开心。我也是因为这些情况的出现开始紧张，开始变得不安和难受起来的。这也许就是我最近学习成绩出现波动和问题的主要原因吧。

爸爸妈妈，你们也看得见，我在努力，我也会努力，我肯定要努力的。我是一个没有经验的孩子，我从来都没有想过女孩的生理期和青春期，在不知不觉中会给我的身体和心理带来这么大的变化和影响，比如有时候烦躁、急躁和不安的情绪一上来就难以控制，尽管我自己会提醒自己一定要控制，但是有时候越想控制越是控制不住，甚至适得其反，得不偿失。我明白你们在克制自己，就是你们争得相持不下时还在尽力地回避我，有时候你们的不欢而散和妈妈难掩的泪水我都看在眼里，不知道该怎么去面对你们，只好关上门，偷偷地在自己的屋里流泪。我们彼此就这样"好心好意"地都在为对方着想着、承受着，彼此开始变成了同在一个屋檐下的陌生人。所以，我特别想告诉你们的是，你们越是克制自己、越是想回避、越是怕伤害我，我反而就越是紧张、越是难受、越是不知所措。倒不如我们干脆都发泄出来，还能落下一个痛快，或许就不必心照不宣，反而可以心心相印了。

　　我亲爱的爸爸妈妈，我已经做出了一个选择，今天就算是我正式告诉你们了。一是我会克服困难，继续努力，你们就少操心我的学习，少为我着急、为我生气、为我难受了。无论你们再多么的用心、多么的给力、做出多大的牺牲，我的学习还得靠我自己去完成，你们即便有天大的能力也是无法替代的，所以，你们也不要再为难自己了，特别是不要把你们的心情和身体搞垮了，就像你们经常说的，我们不要做任何背道而驰和竹篮打水的事。二是请你们尊重我的选择和理想，我不会去顺从你们，也不会去做你们强加的我不喜欢和不愿意的任何事情，哪怕你们骂我是不肖子孙。我已经想了很久很久，如果我们都再这样没完没了地纠结下去，最后一定是两败俱伤，本来还有可能创造和实现的理想和目标都将成为泡影。你们就给你们的女儿一次机会吧，让我为自己做一次主吧！最后再次谢谢我亲爱的爸爸妈妈。

对父母的提示

女孩12岁又被称为"金钗之年",在古代,这个年纪的女孩就要开始戴金钗了,也有开始步入成熟之意。随着时代的进步和社会的发展,当今的大多数孩子已进入了"早熟"阶段,无论是生理还是心理都提早步入了人生的"快车道"。12岁的女孩正是步入少年时期的重要阶段,这一时期她们在不知不觉中渐渐地开始出现叛逆情绪,仿佛在明确地告诉世人自己已经长大了的同时,已经开始不自觉地跟父母对着干了,这一切似乎都是发生在悄然间,其实只是因为我们从一开始就忽略了孩子身心发展过程中必然的变化趋势和细节。

古罗马哲学家西塞罗明确说过:"教育的目的是让学生摆脱现实的奴役,而非适应现实。"12岁的豆豆已是我们传统观念中认为的好孩子、乖孩子和非常懂事的孩子了,她不仅具有同龄人中少有的自觉,而且通情达理,懂得感恩父母和他人,即便进入青春期后难免出现的困惑与焦躁不安,她也是首先选择克制,这一点对于像她这样年龄和处境的孩子来说,已经实属不易了。但是,尽管如此,豆豆依然无法摆脱现实的困扰和来自父母有形无形的巨大压力,尤其是青春期逆反所导致的心理突变与困扰。

然而,当今现实情况是这样的,我们的父母正在不遗余力地做着一件自以为是的事，即以适应现实为目标去全力塑造孩子，而忽略了孩子本身就是一个独立的个体，是一个天性和身心自由、有着个性思维和见解的人。就如法国思想家蒙田所说："学习不是为了适应外界，而是为了丰富自己。"所以，也可以说，学习主要是为了发展个人内在的精神能力，而非为外在的一切服务。就像教育家蒙台梭利的《发现孩子》一书所述："孩子是一个具有强大生命力的个体，不应该是任由父母操纵的物品。父母对孩子进行的教育，首先应当建立在符合孩子身心发展的前提下，任何脱离孩子自身发展规律的教育，都会影响孩子的人格发展。"

美国心理学之父威廉·詹姆士也曾这样说："生命的秘密之一，就是内在的降生力量。是的，正是孩子的内心力量，影响了孩子心智的发展程度，并决定了孩子一生的成就。"因此，我们对于孩子内在力量，以及天性释放的尊重与保护，就成了我们教育的一个关键所在。接下来一个非常重要的问题就是：怎么样才能真正关爱孩子，让孩子健康、愉快地成长？

现实中，很多主观性很强的父母其实并不了解自己孩子成长中的身心变化规律与特点，即便他们很爱自己的孩子，但他们却不懂得如何去爱孩子。在通常情况下，很多孩子从呱呱坠地的那一刻开始，他们就已经开始在毫不知情和完全被动中进入了自己作为父母的"强权式"管教模式。父母在开始行使教育"权力"的时候，往往会下意识地表现出压制孩子想法、控制孩子自由的一系列行为；而这些起始不当的教育行为，极大可能使父母成为孩子人格与性格形成过程中最先伤害孩子的人。但是，有些控制欲很强的父母会以他们固有的理念、思维习惯以及急功近利的社会思潮，对孩子的一举一动实施严格管控，强迫孩子接受他们看似有用与合理的各种计划和安排，没有任何商量余地。这些孩子在父母如此的严格管控下，渐渐地丢失了自我和本该属于自己的童真自由。这种完全违背孩子成长和教育规律的教条、武断和反科学的所谓管教方式，无疑会使孩子的身心受到极大的影响和伤害。

孩子其实就是父母的一面镜子。父母在孩子面前的一切言行方式，就是孩子初始的模仿和学习对象。孩子在成长过程中表现出来的良好或错误行为与举动，往往都是来自对父母言行的自然模仿。所以，父母好比是原件，孩子就是被直接拷贝出来的一模一样的复印件，复印件出问题，归根结底是原件出了问题。

孩子在成长的过程中，无论是身体发育与发展，还是心理与精神，都需要获得来自父母及时、得体和足够的关爱与尊重。只有让孩子在正常和适宜的心理与精神环境中自然成长，才能自然而然和无拘无束地释放出充满童真的天性和个性，才能还原出真实、鲜活和多彩的自己。

关爱与尊重孩子的第一个原则是将自主权还给孩子，父母在处理孩子的一切事务时，首先应该主动征求孩子的意见，随后再耐心地听取孩子自己的想法，而不要在所有的事情上都是以自我为中心，进而自以为是、固执己见和我行我素。

在整个社会化教育大环境和背景下，我们很多父母常常喜欢根据自己的主观意识和个人喜好，为自己的孩子做一切选择和决定。小到生活中的点点滴滴，如穿衣戴帽、吃喝拉撒睡，大到学什么、怎么学和选报各种课外补习班等，父母认为只要按自己的想法和主意去做就是满意，基本或从不顾及孩子的感受和意见。他们宁可自欺欺人地接受孩子内心不满但表面服从的假象，也不愿意倾听来自孩子内心的真实声音。一次次错失了及时了解孩子并走进孩子内心的机会，因此就难以发现孩子成长变化中出现的一系列问题背后的"秘密"所在，从而埋下了一颗颗亲子和心理问题的种子。

关爱和尊重孩子的第二个原则是建立和孩子平等相处的关系。现实中，每当孩子出现问题时，多数父母都会在第一时间不分青红皂白地去批评和责怪孩子，典型的"以大欺小"。事实上，我们教育中很多问题的实际根源是心理范畴问题，而这些频发和突出的心理问题，往往就是父母与孩子间不平等的关系所引发和加深的。

从家庭教育的角度来说，父母对孩子的影响是非常大和深远的。在大多数情况下，孩子在父母面前常常处于弱势地位，少有或没有发言权和反抗的能力与机会，在父母的"胁迫"和"统治"下非正常地生活和成长着，学会示弱、逆来顺受和无可奈何成了他们的生活常态。

这种违背常理和简单粗暴的教育方式，不仅直接破坏了家庭教育生态，还将对孩子的性格形成和人格构建造成不利的影响。因此，父母只有适时调整自己面对教育的角度和心态，以平等的姿态与孩子相处，主动倾听，耐心陪伴，才有可能和机会走进并了解孩子丰富的内心世界，与孩子成为朋友，甚至是兄弟姐妹般的关系，进而让教育润物细无声地渗透于孩子的成长之中。

值得父母重视的是，依靠"强权"去控制孩子的思想，并以此"为胜"的这些侥幸想法与做法，不仅不能让孩子意识到自己的问题所在，反而会导致孩子的逆反和对抗情绪，使亲子关系受到破坏性的影响。反之，如果父母能够以平常心平等地对待并与孩子友好相处，以铜为镜，从孩子的不当或错误行为中找到来自父母自身的问题，自觉警醒并及时纠错，那么，父母才有机会树立起让孩子心服口服的真正权威，让孩子在感动中看到并认识到自己的不当或错误行为，心平气和地接受父母的批评，让亲子关系重回正常的轨道。

虽然豆豆出现了与年龄相关的一些问题，如情绪低落、急躁、烦躁、青春期逆反等，但她都能坚持与父母的基本沟通，也在尽力控制自己的情绪，克制自己言行不过激，确保家庭氛围在相对正常的范围内，让亲子关系处于相对稳定的状态，能够在这个特殊时期发挥应有的润滑和调节作用；这样的家庭氛围与关系，在当下的现实生活中，实属少见且难能可贵。

但是，我们常说的"12岁现象"，即青春期逆反典型反应普遍存在于我们的现实生活中，并困扰和影响着大多数孩子和家庭。因此，我们借此进行了一个积极的探讨和分享。

希望像豆豆这样的孩子，特别是女孩从小就能得到父母的用心呵护，在自由自在和温馨和谐的环境中健康快乐成长，收获美好和珍贵的少年儿童时光，造就出良好的人格品质和强大的心理素质，为未来无限美好的人生打下坚实的基础，获得健康、快乐、自在、丰富和幸福的生命体验。

父母须"持证上岗"

《九十年代中国儿童发展规划纲要》（国务院新闻办公室2001年4月27日通过中国新闻网发布）中明确指出："今天的儿童是21世纪的主人，儿童的自下而上保护和发展是提高人口素质的基础，是人类发展的先决条件。儿童的健康成长关系到祖国的前途命运。提高全民族素质，从儿童抓起。"

孩子的童真和童年时光是非常珍贵且不可逆的，这个时期也是他们养成基础习惯和性格特征的关键阶段，更是打下他们未来身心健康发展的重要时期。孩子们的成长事实告诉我们：从小会快乐，长大才幸福！所以，作为父母一定要认清一个简单而严肃的教育命题：是否要用一生的时间去弥补童年的遗憾！

"儿童不是尚未长成的大人，儿童期有其自身的内在价值。"美国哲学家和教育家杜威在《教育本质论》一书中曾这样定义儿童教育的概念和意义，他认为，教育就是儿童现在生活的过程，而不是将来生活的预备。他说："生活就是发展，而不断发展，不断生长，就是生活。"因此，最好的教育就是从生活中学习、从经验中学习。教育就是要给儿童提供保证生长或充分生活的条件。由于生活就是生长，儿童的发展就是原始的本能生长的过程，因此，杜威强调说："生长是生活的特征，所以教育就是生长。"在他看来，教育不是凭借外力去强迫儿童，而是要使人类与生俱来的能力得以生长。用外部功利目的规范教育，无视生长本身的价值，一个最直接、最有害的结果就是否定儿童期的内在价值。

事实上，人生的每一个阶段都有其自身不可取代的价值，因此，没有一个阶段仅仅是为了另一个阶段而准备的。尤其是儿童时期，原本是身心成长最重要的阶段，也应是人生中最幸福的时光，教育的意义之一是要给孩子一个幸福而又有意义的童年，以此为他们幸福而有意义的一生创造良好的基础。

然而，当下我们常常看到的却是，整个成人世界不断地把自己狭隘的功利目的强加给孩子，驱使他们到本不该有的"功利战场"上拼搏、厮杀，完全背离了教育的初衷与根本。因此，我们不得不担心，在他们人生的未来进程中，他们的童年乐趣和价值被野蛮剥夺后的不堪后果，难以想象将会以怎样可怕的方式显现出来。

当今中国的家庭，从一开始就承担着养育孩子的第一责任，同时也是终身教育的伴随者。因此，从某种角度上说，父母的自身修养和综合素质就决定了未来孩子成长的质量。然而，我们的事实却是，男女结婚成为夫妻后就可以直接生育，之后便顺其自然地成了父母。可是，从来都没有任何机构和任何人告诉我们：父母不仅是一种亲情关系的称谓，其实也是一份职业和专业，更是要伴随一生的一份事业。比如，你想开车，必须通过理论和专业培训并通过考试后才能实现；想当老师，只有通过一系列考试并合格后才能履职教育；想做律师，也必须考取律师资格后才能正式执业；要成为一名治病救人的医生，更是要经过漫长而艰苦的学习，再通过一年以上的实习并获得通过后，取得医师证，才会有从业资格……各行各业比比皆是。让人啼笑皆非的事实却是：我们的父母从生下孩子的那一刻起就天然地成了"法定的"的教育者。现今，我们大多数父母都没有接受过任何相关专业和科学的培训，特别是科学育儿的知识和经验培训，所以，我们的父母基本上都是"无证驾驶""无证执业"和"无证经营"的教育"从业者"。毫无疑问，做父母的专业和技术要求是司机、律师等职业无可比拟的，不仅是要求要高得多，而且难度和深度更是大得多，就因为它与生命息息相关，且不能逆转和重来。

所以，美国儿童心理学家鲁道夫·德瑞克斯在《父母：挑战》中这样强调说："如同儿童需要教育一样，父母也需要再教育。家庭教育的任务，首先是父母接受教育，并学习对孩子种种行为有新的反应方式和应对方式，才能培育出新的教养态度，与孩子和谐相处。"

正视孩子的"逆反"

当孩子开始出现"逆反"现象和情绪时，父母如何面对和作为？

1.多倾听、多查看、多发现，不发火、不指责、不说教，再耐心、再沟通、再引导。父母只要心平气和，孩子就容易冷静，所以，父母的态度和方式在很大程度上决定了孩子的反应和选择。如果父母选择说教，孩子就会更加反感，即使知错也不愿意改。因此，父母要耐心地去倾听孩子的心声，细致地去观察孩子的行为变化，让孩子在第一时间就感受到来自父母的真诚和在意、理解和尊重，从父母对自己的态度和言行中体味亲情和温暖、鼓励和坚持的力量。

2.父母要放下身段，以身作则。很多父母总是自觉不自觉地在孩子面前展示出一副权威或威严的面孔，常常以"上级对下级"的方式和态度去对待孩子，试图以强势去征服孩子。显然，这样所谓的教育方式不仅无法说服孩子，让孩子服气，反而会加重孩子的逆反，把亲子关系降到冰点。父母是孩子第一任老师，言传不如身教，父母只有先做好自己，以身作则地成为孩子的榜样，才会收获孩子的冷静与理智、觉醒与尊重。父母做好了情绪管理，孩子才会从父母的身上学会情绪管理与控制和保持良好心态的现实意义，以及以身作则和以理服人的人格品质，从而增强走出逆反的信心和勇气。

3.让欣赏、鼓励和赞赏成为任何时候父母面对孩子的心理常态，特别是处于青春期逆反阶段的孩子。这个时候，孩子受到身体和心理极大变化的影响，加上来自时代和社会多元因素的刺激，他们最大的需求之一就是能让自己成为一个独立的个体，并能够得到来自父母和社会的理解和认可，而不是再把他们当作一个不懂事的小孩子去对待。所以，欣赏、鼓励和赞赏就是他们走出逆反困境的最大力量。

4.父母要做到言而有信，说到做到才是最好的教育方法。对于青春期逆反的孩子来说，他们本身不知不觉地带着一种孤独、焦躁和不安的不良情绪，并在无厘头和不知所措中试探着各种"解脱"的方式和机会，默默地渴望着能够从父母身上获得某种特别的力量以抗衡内心的种种矛盾。这个时候，言而有信、说到做到的父母无疑就成了他们面对所有逆反困惑和压力的一股最积极、最有效的力量源泉。

当孩子处于严重"逆反"阶段时，父母又如何面对和作为？

1.大智若愚，示弱于孩子，避免冲突。这个时期的孩子是不愿意被束缚、被说教，更不愿意被管制的，他们表现出的是极具自我和独立的个性特征。这种情况下，父母的最佳选择就是先绕开问题本身，给孩子留出一个多选的自由空间，或让孩子及时一吐为快，或让孩子无忧无虑地自作主张；借机轻描淡写地提出一些参考意见，不让孩子感受到任何一点被强迫的意思。这样的理解、信任和感动就会让孩子在自由、自主和宽松的心境下心甘情愿地向父母敞开心扉，诉说衷肠。

2.手拉手，心相连。处于青春期逆反时期的孩子普遍存在着既想独立又缺失情感的矛盾，强烈的成人感背后恰恰是因为生活和社会经验的不足，或经济不能独立所带来的对父母各方面，特别是情感的依赖。因此，父母一定要抓住孩子的这一特别的心理需求，创造一切条件和机会牵手孩子，心心相印，让孩子在收获心灵的慰藉和温暖时又获得思想和情感的力量。

3.三少、三多、三坚持。面对严重逆反的孩子，父母不仅不能急和慌，而一定要得法。首先要做到少干预、少批评、少指挥；多倾听、多理解、多尊重；坚持耐心、坚持陪伴、坚持责任。其次，通过倾听与交流及时掌握孩子在特定环境和心情下的真实需求，并恰到好处地给予支持和帮助，让孩子在最艰难或最痛苦的时候能够获得来自父母最温暖和最有力的帮助和支撑。进而帮助孩子度过最艰难的逆反时期，迎接全新的生活状态。

4.尊重与理解，孩子如沐春风。处于这个特殊阶段的孩子本身是难以控制自己的情绪变化的，常常表现出以下特征：多虑多疑、语无伦次、行为杂乱无章、情绪大起大落等，容易深陷要强和对抗与无奈和求助的矛盾之中。这个时候的父母就如开矿挖金一样，要努力去挖掘金子，发现光亮，多去发现孩子的优点和亮点，时时都给予孩子积极与爱的评价，让金子的光亮照进孩子的内心，让孩子在被欣赏、被喜爱、被鼓励和被美好期待中找到自信和希望，并在感受中顺其自然地放弃与父母的对抗心理，从逆反渐渐地走向顺畅和心平气和。任何强加、强迫和强行式的教育理念和方法从来都不会被任何孩子接受，父母也都必将是无功而返、竹篮打水，甚至适得其反，后果不堪设想。

5.做孩子永远的好朋友，把人生的指挥棒交还孩子。父母要让包容代替狭隘；让理解代替唠叨；让主动让位代替盲目抢位；让交心代替扎心；让孩子获得自主意识和独立见解，来代替父母的主观意识和偏见武断；让平起平坐代替以大欺小；让商量代替命令；让和谐代替紧张；让开放代替封闭；让亲和代替权威；让感动代替冷漠；让积极代替消极；让思想代替"听话"，就如童话大王郑渊洁的感慨：从来都没有对自己的孩子说过"你要听话"这样的话，他明确而坚定地指出："把孩子往听话里培养那不是培养奴才吗?"所以，父母只有与孩子做到相互尊重、相互信任、相互理解、相互坚持、相互依赖、相互陪伴、相互肯定和相互期待才能成为真正的朋友。以朋友为基础的亲子关系必将创建出一个温暖、和睦、健康和幸福的家庭，造就出一个个鲜活、自由、光亮、精彩和强大的生命。

父母的想象、设计和期盼

我们的父母是否有想象、设计和期盼这样一种理想教育局面的可能和机会：

1.从沉迷于手机、游戏和网络、虚拟世界，不愿做作业、注意力不集中、不愿上学，转变为开始主动学习，不再沉迷于手机游戏和网络，学习成绩明显提高，自信开朗起来；

2.从青春期逆反、烦躁不安、低迷孤僻、不愿意和父母沟通，甚至视父母为仇人，转变为开始愿意和父母沟通交流，经常和家人分享在学校里的所见所闻，特别是开始积极表达自己的情感与主见，亲子关系向好发展；

3.从孤僻、躁动和偏执到易激动、情绪波动强烈和有意与父母对抗，转变为开始学会控制自己的情绪，变得积极乐观起来，自觉安排自己的生活和学习，主动参与家务劳动，偶尔还和父母开个玩笑；

4.从时不时迟到、旷课，甚至逃学到屡教不改、破罐破摔，视纪律、规矩而不顾，不断挑战各种做人做事的底线，转变为养成运动习惯，每天早起早睡，不仅不再迟到、旷课，反而能提前到校坚持早读，积极参加班里和学校组织的各项活动；

5.从情绪经常失控，动不动就激动、发脾气，到放纵个性，蛮不讲理，自私虚荣，排斥来自父母和家人的所有善意和劝导，转变为能够控制和管理自己的情绪，因感动于父母而自省，开始懂得父母的用心和不易，不再和父母与家人发脾气，变得通情达理，接受劝导和帮助。

到此，我不得不再次提及美国哲学家、教育家和心理学家杜威，他的教育思想和理念无疑对于我们每一个教育参与者和实践者都有着很大的启发、提升和教育意义。杜威认为："教育就是儿童现在生活的过程，而不是将来生活的预备；生活就是发展，而不断发展，不断生长，就是生活。"因此，最好的教育就是从生活中学习、从经验中学习。教育就是要给儿童提供保证生长或充分生活的条件。由于生活就是生长，儿童的发展就是原始的本能生长的过程。因此，杜威先生又强调说："生长是生活的特征，所以教育就是生长。"在杜威先生看来，教育不是把外面的东西强迫儿童去吸收，而是要使人类与生俱来的能力得以生长。

由此，杜威认为："教育过程在它的自身以外无目的，教育的目的就在教育的过程之中。"所以，杜威先生反对的是把从外面强加的目的作为儿童生长的正式目标。

当我在网上读到关于童年的美文欣赏时，这些句子让我感动，比如："每个人都有童年，每个人的童年都不一样。我的童年是五彩缤纷的，我的童年是难忘的。在我的记忆中，童年给我带来欢乐，悲伤，它让我笑过哭过，在每一个人心中的童年，是不是都有一段难忘的经历呢！""走过童年，你才会发现，人生最美好、最快乐的时光，已停留在童年里了。

长大以后，再也找不到童年里那种快乐，那种美妙无比的时光了。""童年时羡慕大人的世界，却不理解大人的世界，希望快快长大，长成大人了，也经历许多事情，理解了大人的世界，又羡慕童年时的世界……"以上一句句关于童年的记忆、留恋、畅想、珍惜与遗憾，无不是每一个童年的经历者对于过往美好时光的怀念和对于未来人生的美好期待。童年和少年时期是人生最宝贵、最重要、最多彩、最有趣、最丰富和最值得珍惜和记忆的精彩而宝贵的时光，它将奠定一个人习惯、思想、人格、品行和未来发展的人生基础，这个时期所形成的个性特质和精神品质将对人的人生产生重要和深远的影响。就如古罗马政治家和哲学家西塞罗的《人生是一场不可逆的旅行》一文所说的："人生的跑道是固定的。大自然只给人一条路线，而这条路线也只能够跑一次。人生的各个阶段，都各自分配了适当特质：童年的软弱，青春期的鲁莽，中年的严肃，老人的阅历，都各结出自然的果实，须在它当令的时候予以储存。每个阶段都有值得人们享受爱好的事物。"

少年儿童时期科学养育

　　从生理、心理和社会学的角度来看，儿童、少年时期也是人生整个阶段的一个分水岭，它有着承上启下的传承特质和特别影响。所以，基于这种特点、特殊性和重要性，我们有必要对孩子成长的这个时期与阶段做一个小结，让孩子和父母，当然也包括老师在孩子成长特点与规律、教育本真与宗旨、家庭教育定位与亲子关系建设、孩子和父母各自的角色与责任和人生的价值与意义等方面达成共识，统一成长与教育的思想和认识，同舟共济，携手前行，共创幸福生活。因此，我们只有掌握特点、认清方向、把握规律和方法科学得当，才能积极而有效地促进孩子的健康快乐成长。

　　1.少年儿童时期是孩子一系列习惯养成的关键阶段。这个时期教育的主要内容和重要方向就是父母要在言谈举止、生活规律和道德品行等方面严于律己、以身作则，给孩子做出最好的表率，帮助和引导孩子养成所有良好的习惯。我以为，好习惯将成就人的一生，坏习惯将毁灭人的一生。

　　2.少年儿童时期的教育是引导孩子树立正确三观的关键时期，也是着重培养正确的思想、规范的行为和积极的情感的一个重要过程。这个时期的教育不仅是向孩子们传授知识的过程，更是培养他们建立独立思想与精神的特别阶段。经过这个时期的教育，旨在帮助孩子学会做人和尊重人，学会敬畏和珍惜生命，学会管理自己的情绪和控制自己的行为，学会提出问题、分析问题和解决问题的能力，进而培养孩子健康、完整和优良的人格品质。

3.少年儿童时期的教育就是要帮助孩子获得健康、快乐地成长的能力和机会。这个时期的教育不仅是智力教育的过程，更是帮助他们获得健康、快乐成长的重要阶段。由此可以帮助孩子养成良好的生活和学习习惯，培养他们的独立意识和能力，引导和帮助他们打下良好的人际关系基础，并逐渐地懂得得与失和利与弊的关系与重要性，从而促进他们的全面发展和健康成长。

4.少年儿童时期的教育就是要帮助孩子树立全面的自信心，充分激发孩子学习和生活的兴趣，提高他们对于生命意义的认识能力。这个时期的教育不仅是进行基础和文化知识学习的过程，也是鼓励孩子敢于质疑、勇于说不的宝贵时期，还是他们在努力追求自我和自由过程中初步建立人生目标和奋斗方向的关键阶段，更是他们拓宽视野、开阔胸怀，打造独立个性，展示自我形象与气质和我行我素、天马行空与不计后果的特殊时期。所以，这个时期的教育就是要帮助孩子正确和理性地认识自我，努力做一个实事求是、量力而行、适可而止、知冷知热和受欢迎的人。

5.少年儿童时期的教育就是要为孩子提供发挥无限想象力和创造力的一切可能和机会。让孩子的童年、童真、童趣在自由和宽松的环境和条件下得到最大程度的释放和发挥，让想象放飞他们的童话和希望，让创造带领他们驰骋无垠的天空和未来，在无拘无束中收获无限精彩，在自由奔放中获得快乐和希望。这个时期的教育不仅要培养孩子宽阔的胸怀，还要造就他们饱满的大爱情怀，让他们在可贵的创新海洋中畅游人生，在壮美的思想峻岭中勇攀高峰。

少年儿童时期教育的一个特殊任务就是要特别关注并重视这个时期孩子的心理健康状况、变化与发展趋势。随着身心的快速发育、学业压力的加大和手机网络与游戏的严重影响，以及青春期逆反现象的出现和父母的措手不及与"有病乱投医"，这个时期的孩子就很容易出现孤独、低迷、困惑、焦躁、不安和抑郁等心理障碍和问题。因此，这个时期除了正面和积极的教育外，还要高度重视对孩子心理的积极贴近、疏导、解压、帮助和及时有效干预，尽力把消极和不良的心理问题解决在萌芽状态，确保孩子相对平稳地度过青春逆反期，赢得一个快乐和健康的童年。为此，作为父母要积极做出努力和改变。

双向奔赴：父母的改变

1.尽力避免家庭环境所造成的消极和不良影响。家庭是少年儿童赖以生长和发展的基础和重要环境，父母的教育理念与方式和家庭成员之间感情的融洽与否是影响少年儿童心理健康发展的重要因素。在当今的大多数家庭中，"望子成龙""望女成凤"已经成为父母们普遍的期望，并导致大多数父母在教育孩子问题上出现了两种截然不同的态度：一种是对孩子要求甚高，教育方法武断、苛刻，甚至有时不分场合和轻重强迫孩子绝对服从，完全忽略了孩子的自尊心和承受力，直接导致孩子受到极大的伤害，造成心理迅速扭曲，进而形成了焦躁不安、孤僻冷漠、郁郁寡欢和逆反、抑郁心理。另一种是对孩子过度溺爱，百依百顺，渐渐地造成孩子目中无人、唯我独尊、自私、任性、懒惰成性、无端发火等严重心理问题。这两种反差巨大的所谓教育方式，对少年儿童正常的身心发展都造成了很大的影响和伤害。另外，夫妻关系的持续紧张或家庭的破裂也必将对孩子的心理和生理造成不同程度的打击和创伤。现实往往是：如果父母离异，孩子就将缺乏父爱或母爱，打破了感情的平衡，从而产生消极情绪和不安心理，出现厌学、孤僻、烦躁、不安和情绪波动大等反常现象，甚至出现抑郁、暴躁和极端等严重的心理健康问题。

2.尽量克服少年儿童这个时期的先天不足和自身弱点。从心理学的角度来看，人的心理是由各种心理成分组成的一个多层次、多侧面的统一体。少年儿童的自我意识在这个时期得到了极大的增强，并常常表现出鲜明的个性特征。我们说这个时期之所以特殊，就是因为他们的自觉性与幼稚性并存，独立性与依赖性同在，并在他们的心里形成了对立统一的辩证关系。他们一方面展现出新的自我，要求独立自主；另一方面又表现得非常幼稚，缺乏起码和必要的分析与判断能力。客观或天然存在的问题，如年龄小、阅历浅、经验少，且无力、无意识、无能力用理性代替感性，更好地控制和管理自己的情绪，感情又常常摇摆不定，所以，这个时期的孩子往往经不起外界的诱惑和刺激，并在消极环境因素的影响下，就很容易会形成狭隘的意识和不良的心理反应。因此，通过积极的努力和耐心有效的教育，在理性正视他们由于种种因素造成的诸多局限和不足的同时，还要用发展的眼光去看待孩子成长过程中可能或必然出现的一切问题；以真爱为前提，以真诚为基础，以责任为原则，以方法为方向，以实效为目标，全面促进少年儿童身心的均衡发展，让他们在温暖的家庭环境和父母得体得法的科学教育下，能够拥有乐观的生活感悟、积极的生命体验和豁达的人生态度。

3.积极转变教育观念，适时调整对少年儿童教育的对策，使孩子德、智、体、美、劳得到全面发展，成为我们教育的常态和方向，成为一种阳光、健康和先进的教育文化。当下，在传统和功利观念的影响和驱使下，很多学校的"唯分数、成绩论"占领了教育的"潮头",似乎考上理想的重点大学才是人生唯一的"出路";并在"不要输在起跑线上"这一伪命题的推波助澜下,让我们的父母家长从小学开始就强调分数的重要性,甚至是唯一性,全然不顾孩子的身心与个性的健康成长。多数的父母为了追求所谓的高分,完全不顾孩子的身体健康和心理状态,彻底剥夺了孩子的自由和时光,孩子每天面对的是没完没了的补习班和无休无止地四处奔来跑去,在不知不觉中让孩子变成了四体不勤、五谷不分和冷漠自私的机器。在追求考试和名次的荆棘之路上,除了课堂就是试卷、除了试卷就是考试、除了考试就是分数、除了分数就是排名,毫无生活的乐趣和意义。考试一旦失利,就如全盘皆输,除了父母的叹气、遗憾、痛苦、抱怨和责难外,就是孩子一蹶不振、不堪一击。因此,我们必须及时和积极转变陈旧和腐朽的教育观念,切实从孩子的实际出发,从素质教育入手,培养孩子全面和均衡发展,打造少年儿童积极主动、乐观向上和风趣幽默的生活和学习态度,让他们在成长、成熟、成功和成人的路上自律、自主、自信和自强,勇往直前,永不退缩。

4.面向未来,明确方向;正确定位,积极引导。根据少年儿童个性特征和心理特点的需求,我们的教育一定要有面向未来发展的眼光、坚定的长远发展方向、正确的角色定位和积极向上的态度,让我们的全新教育有温度、有尺度、有广度、有高度、有力度,针对少年儿童共有的带有普遍性特点的心理健康问题,根据孩子的个性化与个体化差异,以及少年儿童迫切需要解决的或潜在的社会心理问题,进行及时和正确的引导,着力培养和提高少年儿童共性健康的心理品质,预防行为偏差和心理障碍的产生。同时，针对不同年龄层、不同类型和不同环境中的少年儿童所特有的心理偏差进行正确指导。如培养后进生的自尊心和上进心，培养优等生心理承受能力，以及培养家庭条件优越孩子的自立意识，培养家庭条件差的学生的自信心，以塑造各种少年儿童的健康人格品质。这里所说的面向全体，就是共性的心理健康教育与个性的心理指导相结合，使每个少年儿童都得到健康发展。

种瓜得瓜，种豆得豆。一个人，从懵懂无知的幼童到一个独立自主的人，要经历一个漫长的成长历程，而这个过程中父母是最亲近的陪伴者，家庭是最温暖最重要的摇篮。孩子可以说是父母的一面镜子，在孩子身上就可以看到父母的影子。因此，有什么样的父母，就会培养出什么样的孩子。孩子可以说是父母共同种下的一粒神奇的生命种子，家庭和家庭氛围就是孩子赖以生长的"土地"和"气候"，发芽生根、花开花落，自在其中。所以，父母在孩子成长的全程中起着非常关键的作用，并会产生极其重要和深刻的影响。

07

13岁男孩的青春期

　　本篇关注的是刚进入青春期阶段的孩子，这个特殊时期，他们的生理和心理发育正经历着比较快速的发展，具有情感复杂多变、容易动感情、遇事就冲动等共性心理特征。这个年龄段的孩子出现相关问题的人数占据了很大的比例，问题严重程度、复杂性与解决难度也是很大的。这既是对父母的心理和修养的挑战，也是贴近孩子、走进孩子内心的难得机会，关键在于如何运用智慧去正确把握，父母越早认识和掌握这个阶段孩子的基本个性特征和心理变化特点与趋势，就越有利于更好地陪伴和帮助孩子平稳地度过这不易的成长关键期，即青春期。

　　爸爸妈妈，真是太不容易了，我终于过了"小升初"这一关了！我成为一个初中生了，成了一个大男孩了，你们也该好好地松一口气了。想想过去的几年，特别是从五年级开始，一切都变得不一样了，开始越来越紧张，以前的很多感受、体会、时间和乐趣都没有了。有时像做梦，有苦有乐，有的时候还会被噩梦吓醒；有时像放电影，一会儿让我感动落泪，一会儿让我无法解脱；有时像坐过山车，一阵刺激过瘾，一阵惊心动魄，一阵满脑空空；有时像在童话世界里，所有的愿望都可以在那奇幻的世界里实现，但又会在那无限的尽情满足后，瞬间化为乌有，留下的是深深的遗憾。爸爸妈妈，你们的小时候也是这样吗？你们也经历过我说的这些神奇的事情吗？你们也有过和我一样的遗憾和不甘心吗？

　　尽管过去我有时难受，不开心，也和你们生过气，发过火，甚至还有过离家出走的念头；但是，我已经长大了，我更多的还是要感谢你们！感谢你们给了我生命，感谢你们把我养大，让我能看到这样精彩而有趣的世界。升入初中后，我和新老同学交流得最多的是我们刚刚经历过的"小升初"生活的喜怒哀乐以及我们今后的很多打算与梦想。我的想法就是先过好这三年的初中生活，顺顺利利、开开心心地考上一所理想的高中。所以，今天我就是想和你们说说心里话，希望我们能够一起改变前几年的那种紧张的氛围和不开心的生活方式，换一种方式好好地相处，既让我能够有一个更加宽松和自由的空间，越来越独立地去打理自己的生活和学习，更好地去完成自己的各项任务；又能够让你们腾出更多的时间去做你们想做和该做的事情，也有更多放松和休息的时间，还有机会去锻炼和保养你们的身体，让我们一家人和和气气、高高兴兴和健健康康地生活在一起，这就是我最大的愿望。

我清楚地记得，在我读五年级以前，我的学习并不是很优秀，成绩有时候还会起起伏伏，尽管你们特别是妈妈对我也有这样或那样的要求，我们也有过闹别扭的时候，但是总的来说家里的气氛还是比较好的，我也是比较自在和快乐的。现在回想起来，这也是我要感谢你们的地方。我还记得，那个时候虽然学习任务开始加重，学习压力也渐渐地大起来，但是我还拥有一些属于自己的时间、空间和自由，还基本能够满足我的兴趣和爱好，还有能够和同学、朋友一起玩和交流的机会，还有说说笑笑和打打闹闹的时候，还能互相分享好东西和好事情，还能学到很多自己不懂的知识和技能，现在想想，全是开心和有意思的事情。

然而，自从我进了五年级以后，虽然我们还是我们，家还是这个家，学校还是这个学校，同学还是同学，老师还是老师，环境还是原来的环境，但是，好像一切都不是这样了，过去的一切离我越来越远，所有的人和事似乎也变得越来越陌生了。时间变得越来越紧张，怎么做都不够用；生活节奏变得越来越快，怎么赶都赶不上；作业变得越来越多，没完没了，怎么做也做不完；睡眠变得越来越少，要么无法早睡，睡得越来越晚，要么每天都睡不够，第二天怎么都起不来；咱们之间的关系也变得越来越紧张，你们着急的情绪也让我的情绪变得越来越急，无论我做或者不做你们都不满意，不是你们控制不住自己的情绪，就是我忍受不了，有时候还让一旁的姥爷姥姥不知所措，跟着我们一起着急、难受。就这样日复一日、月复一月，家里经常弥漫着"战斗"的硝烟，不是爸爸拍案而起，就是妈妈急不可耐，再就是姥爷姥姥干着急后的语无伦次，让我实在是无可奈何，无路可走。

我想了很久很久，就是不明白，为什么我们要这样去生活？难道这就是我们唯一的生活和人生出路吗？其他家庭和我的同学也会这样生活吗？为什么以前我们有说有笑，轻松，快乐，但现在却是愁眉苦脸，全是紧张和痛苦呢？我虽然是一个未成年的孩子，但是我想要快乐应该没有错吧？你们是成年人，又有这么高的学历和文化，但为什么还要这样紧张、着急？为什么要用你们的成长经历和经验来对待我的成长和道路？时代已经完全不一样了，为什么你们还是不愿意改变和接受新事物，特别是好的教育方法？为什么明明知道这样做根本不适合我的情况，你们还非要这样固执地去做？你们从小教我的"知错就改""亡羊补牢为时未晚"和"不要执迷不悟"这些道理难道你们已经忘了吗？虽然你们知道父母和孩子都不容易，都有各自的各种压力，本身都需要得到帮助，但为什么你们还要这样为难自己、为难你们的儿子呢？反正，我觉得如果再这样下去，我们的心情都会越来越不好，情绪也会越来越糟糕，身体也越来越差，问题会越来越多，矛盾也会越来越深，亲子关系更会越来越淡漠，生活也就会变得越来越没有意义！我不知道你们现在心里是怎么想的？是否也想过我说的这些问题？会不会找我耐心和好好地交流一次？到底愿不愿意下决心做出很大或根本的改变？

我想告诉你们的是我绝对不愿意像这样生活和学习下去了，更不愿意像过去一样什么都听你们的，完全没有自己的主见和选择，照葫芦画瓢地按照你们的计划和要求去学习和生活，那样我会疯掉的，真的，我不是吓唬你们的！我们班的毛毛同学是你们最熟悉的，你们也知道他过去的学习成绩一直都不如我，曾经有一个学期他的成绩还掉到了全班的差不多最后了，他的爸爸妈妈也着急，但是从来没有吼过他、骂过他，更别说打过他。那个时候，除了他的爸爸妈妈外，同学和老师都开始把他当作差生对待了，有一段时间他都抬不起头来，情绪也反复不定，甚至都不和我们说话。可是，上个学期结束的时候，我们班主任在全班专门表扬了毛毛，说他的成绩有了大幅度提高，已经进入了全班中上等水平，非常值得全班同学们学习。真的好奇怪，毛毛还是毛毛，他的爸爸妈妈还是他的爸爸妈妈，为什么才经过一个多学期的时间，他的成绩就取得了这么大的进步？我们俩的关系好，是哥们儿，为此我特别去问过他，他心平气和地跟我说："也没什么特别的，就是我爸我妈一直都在鼓励我，不管我做错过什么，他们从来都没有嫌弃过我。"听完，我除了感动，就是羡慕，终于真相大白了！

其实，我相信毛毛的爸爸妈妈在他学习出现问题，特别是成绩严重下滑的时候，他们也着急、难受；毛毛学习成绩快掉到班上最后的时候，他自己也不会不在乎、无所谓。如果他和他的爸爸妈妈都是无所谓的态度的话，就不会出现之后的"奇迹"了，我也没有机会和你们提到我的同学和好哥们儿毛毛了。他和我是同班同学，从小我们就在一起玩，他不仅长得帅，而且很大方，大家都很喜欢他，当然我也不例外。我从来没有听他说过他爸爸妈妈的坏话，每次我看到他总是那么自信和快乐，只要有他在，大家都会玩得很开心。那为什么我就不能像他一样，不管出了什么问题都能先得到你们的理解和鼓励，给我一个知错就改的时间和机会呢？你们要相信你们的儿子也不会差的，只要你们不着急、不生气，我就不会和你们闹别扭，就会像毛毛一样的自信，迎头赶上。我在想，如果你们对我不那么急，对我再耐心一点，特别是爸爸有时候不要那样严厉，也许我就会更加自信一些，学习的积极性也会更高一些，成绩也会提高的更多一点。我相信，这一定也是你们的美好愿望。

爸爸妈妈，今天既然已经说了这么多了，干脆我就一吐为快吧，希望这次你们能够耐心地听我说完，谢谢你们了！我小的时候你们是怎么对我的，今天我还记得清清楚楚。每次我们出去玩的时候，爸爸总是让我骑在他的脖子上，就像骑大马一样，我比所有的人都要高，我要是不说下来，爸爸从来都不会说累，那个时候我在猜想爸爸是怕我累、走不动呢，还是因为特别的爱我？反正每次骑大马的感觉都好极了！从小妈妈就特别护着我，怕我被欺负和受罪，什么时候都是笑眯眯地和我说话，只要我不舒服或者不高兴了，妈妈就会过来搂着我、抱着我，过一会儿我就不难受了，所以，从小我就跟别人说："我的妈妈是世界上最好的妈妈。"可是为什么我长大了，特别是我进了五年级以后，好像一切都不一样了，你们也不再叫我宝贝儿了，都是像其他人一样直呼其名了，甚至连"军军"都不叫了。我除了长高了之外，我还是我呀，我还是你们的儿子呀。可是你们已经不是我小时候所见到的爸爸妈妈了，你们的笑容没有了，你们的声音变大了，你们的耐心也没有了，你们也不再搂着我、抱着我，抚摸我的脸了，你们再也不在乎我的心情了，只要我不听爸爸的话、不按照妈妈的要求去做，你们就会吼我，有时候还会狠狠地骂我，哪怕我难受得哭了，你们好像也无所谓。我真的不知道这到底是因为什么？难道你们就因为我长大了，没有完全听你们的每一句话，我就不是你们的儿子了，你们就不愿意再当以前的爸爸妈妈了吗？你们时常因为我的学习成绩没有达到你们的要求，你们就拿"别人家的孩子"来压迫我、嘲笑我，你们就彻底地放弃爱来不停地伤害我，有时候还会没完没了，不肯罢休。姥爷姥姥因为你们这样对我强迫的做法和态度，特别是动不动就发脾气的习惯，不知道和你们吵过多少次了。所以，到后来你们只要因为我就会大发雷霆，家里的气氛开始紧张起来，我就觉得我是这个家里最多余的人，都是因为我的存在，才让一家人不快乐、不安宁，我给你们添堵了，你们因为我而这样痛苦，姥爷姥姥也因为这样糟糕的家庭矛盾着急和难过。

爸爸妈妈，你们能理解我现在特别复杂和矛盾的心情吗？虽然你们现在经常让我感觉很不好，时不常地对我生气、发火，让我又无奈又难受，有时候还想过离家出走，但是我还是无法恨你们，怎么也恨不起来，我也装不了，反倒是总会不自觉地念着小时候你们对我的好和无微不至的爱。所以，姥爷姥姥和爷爷奶奶他们总是说我是一个最有良心和最善良的孩子。其实，我心里一直都是明白的，我知道你们也不容易，你们所做的一切都是为了我好，为了让我有一个好的学习成绩，之后能考上一所好的大学，以后能有一份好的工作，能够出人头地，为你们和咱们这个家增光。这些也没什么不对的，如果我愿意，我也能够做到，当然也是一件好事，谁都会高兴的。但是，你们实在是太着急、太不管不顾了，特别是没有考虑我的感受，不切合实际情况，一味地给我压力，不分青红皂白地给我提要求，也不管对不对、合适不合适、能不能做到。不管怎么样，我希望不要再因为我的学习和成绩弄得整个家都鸡犬不宁、乌烟瘴气，让人透不过气来，甚至让人窒息了。

爸爸妈妈，我想对你们说，不对，应该是我要和你们认真和慎重地商量，我们能不能重新来过，尝试一下另外一种不同的生活和相处方式？哪怕像毛毛家那样也行，让我们回到从前，一家人和和气气、高高兴兴地生活在一起，不要让家里的老人再跟着我们着急和难受了，他们的年纪大了，身体本来也不太好，本来应该我们去关心和照顾他们，让他们活得健康一点、开心一点，最好能看到我上大学、看到我工作、看到我成家立业，还能抱上他们的重孙子、重孙女，那将是一件多么开心和了不起的好事啊！我已经想过无数次了，别人家能做到的事，我们为什么做不到呢？只要我们愿意改变，愿意齐心协力，愿意坚持到底，我们就一定能做到，而且还可能比他们做得更好！从此以后，让我们这个全新的家也成为别人家美慕的对象，希望这个愿望我们能够早日实现，我一定会做出我最大的努力！所以，请你们相信你们的儿子吧，他肯定会给你们增光添彩的，到那时你们再美美地笑吧！咱们就认认真真地来一个：拉钩上吊，一百年不许变！

对父母的提示

13岁的军军在这封信中发自心底的声音其实就是他对父母的一种特殊的交流方式——呐喊！军军其实就是以上我们所说的这些青春期孩子中的一员，他有着这个年龄段孩子相同的共性和不同的个性。不管怎样，他们都以自己的认知、方式、态度和饱满的激情经历和感受着专属于他们的这段特殊人生，兴奋、激动、得意、尽兴、矛盾、犹豫、困惑、紧张、不安……可谓喜忧参半，应有尽有。

父母一定要珍惜这个年龄段的孩子真诚的表达和强烈的交流愿望。刚进入青春期的孩子，特别是男孩，他们在这个缺乏经验、没有准备的特殊时期，在没有父母或老师及时引导和帮助的情况下，普遍会呈现出焦躁、逆反、对抗及自我封闭等行为和心理特征。案例中的军军也不例外，只是说他在众多同龄人中却有着与众不同的地方，甚至可以说是一种"另类"，除了共有以上同龄人的特征外，他还有着传统和理性的"基因"，在面对成长的烦恼和承受压力的同时，他还能保持一种积极的心态，在尽力克服困难的过程中，主动地亲近父母，争取沟通交流的机会，以此化解矛盾和冲突，缓解家庭气氛和亲子关系。实话实说，这样的孩子在现实中真是难能可贵，父母应该学会去理解孩子，学会将心比心，要懂得站在孩子角度考虑和解决问题的重要性。教育如同医学，切忌"头痛医头，脚痛医脚"的错误认识和判断，父母要首先考虑孩子身心变化和发展的实际情况，其次才是考虑孩子的生活、学习和教育问题，及时了解并掌握孩子生理和心理的突出与细微变化，并适时给予倾听、相伴、引导和帮助，始终保持亲子沟通渠道的畅通无阻。

工欲善其事，必先利其器。父母这份职业充满着挑战，所以首先需要学习和接受专业培训后才能上岗"执业"，同时，要认识到家庭教育是一项专业、细致而伟大的长期工程，所以，父母就是这项伟大而光荣的工程的设计师、施工者和责任人，肩负着孩子成长和教育的历史责任。就像苏霍姆林斯基在《教育的艺术》中指出的："教育工作者的任务在于发现每个受教育者身上最美好的东西，不用学校里的条条框框限制他们：鼓励独立工作 —— 创造。"所以说，每一个优秀的孩子的背后，我们总能找到自律自强的父母和温馨和睦的家庭的影子。反之，在每一个人格不健全的"问题孩子"中，我们都可以在他的家庭中找到父母的问题和矛盾冲突的因素。所以，良好的家庭教育不仅能够给孩子带来正确的引导和帮助，还能为孩子身心的健康发展创造一个良好的生长环境，为孩子未来的持久发展打下坚实的基础，具有积极而重要的现实意义。由此可见，父母对孩子的影响是巨大和深远的。因此，从这个角度来说，父母不仅是一份职业，还是一份事业，更是一种信仰。

孩子教育，父母先行。孩子进入了初中阶段，也就容易陷入生活的各种矛盾中，迈入了人生的"多事之秋"，所以，在这个特殊时期，孩子因受到突如其来的各种负性事件的困扰，加上认知与经验的较大局限，如果父母和老师引导和关心再不到位，那么孩子就容易形成焦虑、偏执和抑郁等心理健康问题。

每一个孩子都是一个珍贵的生命，每一个孩子都是一幅生动的画卷。教育的生机、活力和意义，就在于全面促进孩子个性和身心的健康发展。因此，父母如何全面把握孩子在这个特殊时期的心理变化、走向和特点，以及发展矛盾和规律，从而明确孩子的心理健康标准，规避错误不当的教育理念与行为，就成了父母前置性学习和准备的重要任务。

有章可循，有规可依，教育立本，道法自然。天地万物均有自身运行和发展的规律，教育更不例外。尊重是教育的前提，尊重孩子、尊重规律、尊重科学、尊重事实、尊重一切有利于孩子健康成长的教育规律，才能成就教育，才是最好的教育。对于刚进入青春期阶段的孩子而言，他们的生理和心理发育正经历着比较快速的发展，有的男孩已经开始出现第二性特征，并伴生了朦胧的性欲望和性冲动，声音变粗，语气变重，情绪大起大落；有的女孩开始呈现出性成熟特征，出现生理期明显反应，进入经期生活，开始对异性有了特殊感觉，情绪开始起伏不定。在这个特殊时期，他们有着情感复杂多变、容易动感情、遇事就冲动的共性心理特征，既是对父母的心理和修养的挑战，也是贴近孩子、走进孩子内心的难得机会，关键在于如何运用智慧去正确把握。每个人都有渴望受人尊重和获得信任的本能需要。当人被教训或惩罚时，往往会有一种自尊心受到伤害的心理反应和压力，就会条件反射式地出现摆脱窘境、对抗教训或惩罚的行为。因此，此时父母的反应和对策就成了解决问题的关键，而切实可行的指导思想和方法就成了问题解决的质量保证，父母的正确做法应该是决不武断，宜疏不宜堵；责任当先，放松但不放纵；晓之以理，动之以情；胸有成竹，沉着应对；结果导向，服务孩子。

　　父母实施家庭教育的基本原则，以期努力接近或达到孩子心理健康的基本标准：首先具有良好的身体素质和健康状态；其次具有良好的认知自我、接纳自己的意识和心态；能够自觉控制和管理自己的情绪，与人平和相处；能够正确、坦然面对生活和学习中出现的问题和困难；具有良好的接纳心态，愿意接受别人的帮助；具有较强的环境意识，并能够主动地认知环境和积极适应环境；具有宽阔的心胸、与人为善的心态、助人为乐的精神和人际交往的意愿与能力；主动养成良好的生活习惯和健康的生活方式；始终保持积极和善于独立思考的习惯，并具有批判精神；拥有积极、健康的人生态度和正确的三观，以及优良的个人修养与行为规范。

和小学说再见

　　一个孩子经历了六年的小学生活和学习，从儿童成长为少年；从被父母牵着、搂着变成了已经可以自信地挎着、搂着父母，有的孩子身高已经超过了母亲或父亲；声音经过变声期也发生了奇特的变化，有了小大人的味道；模样也在产生着微妙的变化中，从稚嫩走向大气，演变出正在步入成熟的轨迹；举手投足间已透着一种驾轻就熟和自在得意的气息，自信而熟练；言语表达已明显呈现出一种特有的成熟、老练和前卫的风格，或自然流畅，或英气逼人；整个人的状态除了身高、体重和长相的明显变化外，展示出更多的是眼界开阔、自信满满、敢说敢讲和越来越成熟的气质特征与精神风貌，总之，按他们自己的话说就是："我们已经不再是你们眼中的小孩子了！"

　　然而，对于大多数父母来说，他们看到更多的是孩子在这个时期的外在变化，就如上述所说；而孩子生理变化背后微妙的心理变化和反应，往往会被大量出现的表象所掩盖，容易被父母所忽视，尤其是对情绪变化和管理方面的轻视与忽略，而这些方面恰恰就是孩子开始出现逆反、抑郁和极端行为等一系列心理健康问题的主要根源所在。

　　在我从事家庭教育和儿童青少年心理健康工作三十余年的

实践中，这个年龄段（即12～15岁）孩子出现相关问题的人数占据了很大的比例，问题严重的程度也是最突出的，问题的复杂性与解决难度也是最大的。换句话说，我们大多数家庭和父母非常遗憾地错过了在孩子成长的关键时期耐心倾听、细心陪伴和用心发现的最佳机会，以及家庭教育中适时、及时给予帮助和干预的重要时机。

　　长期以来眼睁睁地看着、面对着和感受着一个个正经受着本不该有的困扰和痛苦的孩子，以及因此而极度焦急、不安和抓耳挠腮的父母；让我在积极和努力的帮助辅导中，更多的是反思这种教育问题与失败背后的深层次原因，试图倾力寻求及时解决这一问题的有效途径和办法，早日还我们的家庭教育一片晴朗的天空，让更多的孩子与家庭摆脱困境，重新努力创建一个又一个和谐幸福的家庭。

走进孩子的心灵

　　家庭是孩子人生的第一个受教育场所，从孩子的出生开始，父母养育孩子的方式就会对孩子产生一系列的影响，甚至会影响孩子的一生。所以，才有了教育家"始于零岁，伴随一生"的教育理念。可见，父母本身就是孩子从出生就遇见的最初的"全世界"，父母不仅是孩子的第一任老师，从根本上说也是孩子最长久和终身的老师。如果父母不给予正确的教育，孩子就会"跑偏"并出问题；如果父母采用了错误或反向的教育方式，孩子就必然会出现更多、更大，甚至极端的严重问题。因此，我们一定要在活生生的教育实践案例中深刻地认识到父母的职责与功能、价值与意义，以及对孩子必将造成的深远影响，否则，我们的家庭教育就是本末倒置，背道而驰。

　　犹如苏霍姆林斯基所说："从我手里经过的学生成千上万，奇怪的是，留给我印象最深的并不是无可挑剔的模范生，而是别具特点，与众不同的孩子。"所以，作为教育者，我们需要努力做到走进孩子的内心世界去，正如教育家魏书生所说："走入学生的心灵中去，你就会发现那是一个广阔而又迷人的新天地，许多百思不得其解的教育难题，我都会在那得到答案。"

　　我们不妨先从这个年龄段孩子们的自我评价中去感受、分析、探究和归纳出他们的典型特征和心理特点。

　　小A："我的性格开朗、稳重、有活力，待人热情、真诚。我热爱篮球、羽毛球、跑步、下棋、唱歌。我不断地完善自己，提高自身素质。班级工作认真负责，积极主动，能吃苦耐劳；喜欢思考，虚心与人交流，以取长补短。我还积极参加社会实践活动和各种文体活动，培养了我一定的组织与社交能力。有较强的组织能力、实际动手能力和团体协作精神，能迅速地适应各种环境，并融入其中。责任感强，踏实肯干，主动争取锻炼机会。"

　　小B："我对待学习积极认真，生活中态度乐观，能吃苦耐劳，平时善于观察，做事讲求效率质量，且具有良好的协调与沟通能力，为人热情，人际关系良好，有较强解决问题的能力和学习、实际操作、人际沟通能力，团体协作意识强，责任感强，严于律己。但是，有时候我也会出现自相矛盾和心理不平衡的现象，我也在努力克服中。"

　　小C："我能自觉遵守中学生守则，用心参加各项活动，尊敬师长，与同学和睦相处，关心热爱群众，乐于帮忙别人，劳动用心肯干，自觉锻炼身体，经常参加班级学校组织的各种课内外活动。我有着聪明的头脑，却因不够努力而成绩平平；我处在积极向上的班级学习氛围中，却因我的志向平庸而鲜有进步。课堂上我会做些小动作，作业中会有许多错误，这都因我学习态度的不端正而引起。也许我会走向更高的学府，我会勇于攀登，战胜自我！"

　　小D："我先做一下自我评价，我觉得我比上一个学期更进步了，我在学校至少会对老师同学说一句话，以后我会变得更加活泼。多谢老师同学细心教我如何变得开朗，性格内向这是我的一个缺点。还有一个缺点，我背课文总是很费劲，做数学题很马虎，以后我会更加努力改正缺点。但是，我也不只有缺点，还有优点，比如我总会先完成作业，再吃饭。我很喜欢看书，学习勤奋，争取期末拿到好成绩。"

小E："本学期，我的状态不够好，成绩也下降了许多，而对于想进一班的我，这无非是一个打击。在数学课上，我能做到认真听讲，及时记笔记，课后也能及时交作业，但课上偶尔会溜号，漏掉几道重要的题等。这是我的缺点，我以后再也不会溜号了，我会认真记住老师讲的每一个公式，每一道题，争取考进一班。在语文课上，我能认真听讲，及时记录，回答问题，但有时完成作业的质量不够高，以后会改正。有时老师讲过的题也记不住，会再错一遍，练习册上的知识记不扎实。这些都需要我以后认真改正，我保证不再犯同样的错误。在英语课上，我能专心听讲，记笔记，回答问题比较积极，但也因为在英语方面比较优秀而钻空子，背单词、笔记不好好背，作业不认真完成，不认真对待小考。这些问题都不能再发生了，我要努力改正，再不犯这样低级的错误。"

小F："金无足赤，人无完人。十全十美的人在现实生活中是不存在的。每个人都有优点，也有缺点；既有长处，也有短处。在上个学期的学习中，因为我没有把心思放在学习上，期末考得一塌糊涂，令父母失望，也令老师失望，更令我自己失望。所以我要在新学期有新面貌。每天早晨要准时进校，要按时完成家庭作业和预习复习。上课时，遵守纪律，认真听讲，积极动脑思考，踊跃举手发言，当堂学到的知识争取当堂消化和掌握。从现在起，我要从零开始，把所有的精力都放在学习上，确立明确的学习目标，争取在下次考试中考出理想的成绩。"

小G："我一向遵守学校的规章制度，集体观念较强，在思想表现方面也比较好，诚实可信，乐于帮助同学，乐于助人是我的天性，只是偶尔也会和同学发生矛盾。我还是一个尊师重道的人。遗憾的是我的学习情况不是很稳定，成绩忽上忽下，我已经意识到了这一点，我决定会在今后的学习中加倍努力，将这一不足弥补过来。总的来说，这一年我的课堂纪律表现还是不错的，老师的表扬就说明了这一点。通过这一年的学习和努力，我的文化修养应该说有了进一步的提高，我生性活泼好动，热爱体育活动，篮球场上经常出现我的身影便是最好的证明。我平时经常现身于操场上，篮球、足球、乒乓球，谈不上样样精通，但也是轻车熟路，游刃有余。通过学校组织的参观学习，我慢慢开始热爱劳动了，更多地去参加学校和班里的各种活动和劳动，认真完成交给我的任务。在以后的学习中，我一定会戒骄戒躁，百尺竿头，更进一步。除了学习上还有困难和问题外，还有一个问题已经困扰我很长时间了，它不仅让我感到越来越难受，甚至有时候控制不住自己的情绪就会发脾气，而且让我一直不知所措。这就是不知道从什么时候开始，我和父母的关系变得紧张起来，不是他们时不时和我生气，就是我动不动就跟他们发脾气，弄得家庭气氛越来越不好，甚至是乌烟瘴气，让人透不过气来。冷静下来时，我也知道他们是为我好，但是我怎么也接受不了他们现在和我说话的方式和态度，特别是好像一点也不信任我，不是给我的学习加码，就是不停地催我、逼我加紧学习，不要玩手机。有时候，在家里我感觉自己就像一个贼似的，被他们特别是我妈盯得紧紧的，仿佛一点空隙都没有。所以，现在每天我宁愿在学校锻炼或玩，也不想回家。"

　　以上是一个个青春期孩子的真实心声，这个年龄段的孩子随着身心的快速发育，逐渐步入了青春期。他们思想活跃，情绪多变，青春活力无限，在自尊心的驱使下尽情地展示着他们的追求和风貌，在得意和奔放中也有知错、纠错的意识，总体上都想向上向好，追求不断进步，只要"气儿顺"和"有面儿"似乎就怎么都可以。大多数情况下对学习和生活都报以积极和自信的心态，反之，就会呈现出一种几乎完全不同的状态，表现出明显的青春期逆反现象，比如急躁、不安、武断和冷漠，甚至暴躁和言行过激。所以，父母越早了解、认识和掌握这个阶段孩子的基本个性特征和心理变化特点与趋势，就越有利于和孩子更好地相处和交流，就能更好地陪伴和帮助孩子平稳地度过这不易的成长关键期，即青春期。

陪伴孩子度过青春期

对于青春期这个多变的关键期，如何能让孩子顺利地走出这个特殊时期成长的困扰和痛苦，平稳地度过青春期逆反这个特殊阶段，就要依靠父母耐心、细心和用心地陪伴、引导和帮助。

青春期孩子一般处于10岁至18岁这个年龄段，他们从小学升入初中后，由于生理、心理的变化，以及生活、学习环境，学业内容与难度和人际关系等方面的改变，这个时期的孩子开始面对各种新的和特殊的挑战。这个年龄段孩子的心理特征主要表现在他们的自我意识发展较快、刚开始步入青春逆反期、自我认知比较旺盛、生理和心理发育迅速，以及情感非常丰富但又不十分稳定等方面。从心理学角度大致可以概括为以下几个相对突出的特点。

一、现实性与虚拟性并存

现在的孩子基本是同时活在两个世界之中，即一个真实的现实世界，一个网络中的虚拟世界。他们的身体在现实世界中生长、发育和长大，并经历着春夏秋冬四季的阳光普照和风吹雨打；他们的形象、气质和个性也在其中得到最真实的展示；他们的人际关系也从中获得现实和具体的真实感受。所以，他们不得不存活并依赖于真实的现实世界。同时，由于网络和信息化的飞速发展，以及对其必然的现实需要，加之对现实的种种不满足、无奈与遗憾，不少人开始沉迷于网络，孩子也不例外，为了摆脱现实的无限困扰和烦恼，便将自己化身为超现实的网络人物，投身并融入虚拟世界之中，天马行空、自由自在、为所欲为，从中去获取一种完全虚无的精神满足，并乐在其中，过着一种看似应有尽有的虚拟生活，从心理学的角度来说，其实就是一种人格分裂的状态。

二、好奇感与紧张感并存

孩子从小学升入初中后，新的学习、生活环境，新的教师和同学，特别是如生物、地理、历史等新的学科，形式繁多，内容丰富，这些新的变化和内容都是他们小学阶段闻所未闻和未曾接触到的，一时间使他们产生了从未有过的兴奋和新鲜感；同时，他们对初中的新生活充满了好奇和想象，十分渴望能够马上融入这全新的生活和学习之中，尽情地去感受和体验由此带来的刺激和满足。然而，这种全新的生活和学习方式又让他们感到陌生，进而产生一种从未有过的紧张感。已是熟悉和习惯已久的小学生活从此不复存在。新的空间环境、新的校纪校规和校园文化、新的作息安排，以及小学时期的同学和朋友也因时过境迁而渐渐地疏远，变得越来越陌生；如今的中学老师似乎也不再像小学老师那样如妈妈一般的周到细致地关心和照顾自己；特别是随着学科的增加、知识面的扩展、学习难度的增强，以及各种要求的提高、名目繁多的测验及考试增多和学习进度的迅速加快等等，这些都与小学有着根本的不同。所以，这一切的变化使他们突然产生了强烈的紧张、不安情绪，难以适应。小学时期那自由自在的生活、丰富多彩的游戏活动、每年自己和同学精彩纷呈的生日 Party、假期里远近不同、花样繁多的旅行和人生体验以及无拘无束、欢喜打闹的场景却依然历历在目，挥之不去。

针对孩子这个年龄段的个性特征和心理特点，我们一方面要积极培养和提升他们的适应和应变能力，同时，不断地提高他们对成长和生命的认知方法、能力和水平；另一方面，我们还要提升他们的抗压能力，让他们在面临着因环境、学习和人际关系变化，以及攀比、竞争等给他们带来的各种困惑的时候，始终能够在理想与现实中认清人生的方向，在各种矛盾和冲突中看到问题的本质，能够找到真正的自我，从而避免一切困难和压力可能带来的情绪大起大落、焦躁不安和抑郁等不良的心理问题。

三、成熟感与幼稚感并存

孩子升入小学后就开始迈入了少年期，除了年龄递增外，他们的身高呈现出跨越式增长，身体形态也发生显著的变化，身体素质和机能也在不断提高与健全；心理也随之在微妙地变化着，一种较强的自我意识反应和快速的抽象思维表达开始凸显出来，由此成熟化趋势越来越明显。然而对于刚刚迈入少年期的孩子来说，他们在身体发育、知识学习、心理素质和经验积累等方面，依然延续着小学时期的很多特点，所以，他们的理性思维发展依然表现出一定的局限性，一方面他们努力展示出成熟的模样，但是，另一方面他们还是摆脱不了依然带有幼稚特征的"小孩子气"，他们仍然是直觉多于思考、感性多于理性。所以，在这个成长的特殊阶段，因受到成熟感与幼稚感的矛盾，以及自我意识和个性化突出等影响，他们的学习生活常常起伏不定，喜忧参半，他们就是在这样对立统一的认知过程中一步步走向成熟的。

四、积极性与盲目性并存

刚刚升入初中的孩子，他们的身心都经历了一个快速变化的过程和考验，特别是他们认知方式和能力在变化和提升，使他们的自我意识日显突出和强烈，面对一切都表现出一种足够的积极和自信，并刻意地努力打造自己的理想形象，目的就是为了赢得周围人的高度关注和好评。在他们的心中就是自己已经升级了、长大了，不再是小学生和小孩子了。所以，他们对全新的初中生活充满了无限的好奇和美好的期待，积极努力地去尝试一切新鲜事物，可谓是初生牛犊不怕虎，就想证明自己在各个方面的创造能力，无论最后的结果是什么。然而，由于受到年龄和经历的影响，他们在很多方面特别是知识和社会经验又有着一定或相当的局限性，思想上还缺乏独立性和批判性，精神世界虽多彩但还欠饱满，所以，很容易受到外界的影响，在现实中时常就会表现出盲目自信或自卑的个性特征，在现实面前时常垂头丧气、愁眉苦脸和无精打采；这反映出他们这个特殊年龄阶段普遍的思想矛盾和心理特点。

五、独立性与依赖性并存

这个年龄段的孩子随着身心的快速发育，他们的身高和体力都得到了大幅的增长，充沛的精力让他们格外的活跃和张扬，时时都显示出他们和以前的与众不同，在生活、学习和人际交往方面明显展示出他们追求独立的意识。他们这个阶段鲜明的独立自主个性和强大的自尊意识仿佛在向所有人宣告："我不再是你们眼中的小孩子，如今已长大成人，请不要再小看我，我可以自己去做和完成很多事了！"这种强烈的参与感和独立意识就是为了早日能够摆脱大人对他们的束缚和不放心、不放手，但是，对于生理和心理还处于逐渐成熟阶段的孩子来说，在持久性、稳定性和真正的独立性方面还存在着较大的局限，当遇到复杂的事情或麻烦时他们往往又缺乏克服困难的勇气和毅力，在生活、学习等方面依然对父母、家庭或老师有着较大的心理依赖需求；因此，他们口中的"不用你们管""我自己就可以"等口头禅，只不过是他们追求所谓的独立性的表现，然而这些语言背后对父母的依赖性仍然不减，这才是青少年真实的一面！

实践实例分析

　　通过对我经手过的以下真实案例的展示，或许能够给包括军军父母在内的家长们对于这个年龄段孩子的成长和教育带来一些有益的启示，家长们从中或许能够看到自己的影子，亦或许能够找到解决类似问题的经验和方法，更或许通过启发自己能够经认真思考和借鉴，总结和创造出一套更加科学、有效的教育方法。

　　虎子，性格偏内向，长得英俊帅气，一直都是父母和别人眼中的乖孩子、好孩子，更是班里很多父母拿来教育自己孩子的学习榜样，正所谓看看"别人家的孩子"。虎子小学毕业以优良的成绩升入了重点中学，顺利地完成了三年初中学习，中考又以较好的成绩被市重点中学录取，成了父母和老师心目中的一个骄傲，自己也成长为一个一米七六的帅气小伙，额头上那零零星星的青春痘也标志着他结束了花样的少年生活，朝气蓬勃地迈进了充满希望和挑战的青春年华。

　　尽管在初三上学期因持续学习紧张，虎子病了一场，但因及时的治疗和父母的细心呵护，身体很快就得以康复，回到学校继续上课。虎子从小就自尊心很强，一直都在乎自己名誉，不仅没有因病而掉队，还在中考冲刺时将自己在年级的排名提前了十几名，可谓勇往直前，越战越勇。

然而好景不长，现实情况往往不以人的意志为转移，进入高一下学期后，虎子好像突然间变成了另外一个人似的，变得沉默寡言起来，整个人的状态也发生了翻天覆地的变化，时而坐立不安，时而焦躁不定，情绪波动很大，似乎连自己都不认识自己了。父母更是觉得莫名其妙，措手不及。一路顺风顺水、无往不利和希望无限的儿子怎么会来了一个历史性的大反转，昔日儿子基本上是自主、自觉学习，学习状态良好，成绩稳定，情绪良好，自信满满，时而幽默搞怪，然而儿子这样的形象已在他们的视线中消失，站在面前的这个人好像完全成了一个陌生人，冷漠中还带着一丝丝的可怕，让他们实在是无法接受，感到惴惴不安起来。

虎子的成绩从出现波动到开始明显下滑，身体从体重下降到变得大幅消瘦，脸色灰暗神情怪异，寝食不安，脾气急躁；有时要么因一言不合而大喊大叫，甚至暴跳如雷；要么长时间闭门不出，拒绝说话交流。虎子如此的突变和强烈反差，一方面让一直因儿子得意扬扬的父母始料不及，丈二和尚摸不着头脑；另一方面让父母从毫无准备、举手无措，转变为焦躁不安、情绪失控。从此，原有自然轻松、和谐幸福的亲子关系开始产生裂变，家庭氛围被一层灰暗和沉重的阴霾所笼罩，一时间让人透不过气来。

虎子的这一切变化和状态又何尝是他自己心甘情愿的选择！好好的过去却在不知不觉中演变为基本是颠覆性的现在。往日的一切顺畅与美好在时间的某个节点上悄悄地转变为乌云密布下的困阻。已具备并拥有小学和初中良好学习基础和成绩的虎子又何尝不想一路前行，继续一步步地去赢取下一个、再下一个理想和美好的未来！又是什么原因和问题导致他走入如此无比遗憾和痛苦不堪的尴尬境地，仿佛老天爷给他开了一个天大的玩笑，让他哭笑不得，难以自拔。

经过一段时间的家庭"冲突"与"战争"和起起落落与反反复复的努力和折腾，疲惫不堪的虎子和父母在不得不的冷静之后似乎察觉并发现了问题的端倪。虎子的焦躁不安和父母的惊慌失措给整个家庭带来的痛苦与磨难也正等待着期盼已久的转机和希望！

冰冻三尺非一日之寒，父母一直被虎子高中前"顺风顺水"的生活和学习成绩所"蒙蔽"，却完全忽略了除了学习以外的其他看似或以为"无用"和"不重要"的东西，特别是虎子持续学习压力下又叠加上青春期的不适感受与反应，随之所形成并带来的一系列变化、影响和后果，而这些问题恰恰就是以上所有问题、麻烦和痛苦的根源所在。

一方面，是虎子随着年龄的增长而与"成长的烦恼"的必然"遇见"。生理变化所带来的身心反应和不适，一步步逼近的学业压力，父母步步紧逼的要求等，加之少有或无法获得来自父母、老师和其他人的及时或适时的引导和帮助，从而失去了积极而有效的具体和心理的有力支撑，使得虎子在缺乏经验、似懂非懂和手足无措下出现了无助、无奈、困惑、焦虑和不安，甚至出现了抑郁、过激的情绪反应和行为表现。另一方面，由于父母或因工作忙碌少有时间和虎子相处，或因生活压力忽略了亲子关系建设，或因性格习惯缺乏对虎子个性特点的了解，又或因个人教育理念的固化、偏颇、功利和理想化，甚至是教条式的急功近利、不惜代价，因此而角色错位、缺位，在自以为是、不知不觉中丢失了作为父母的起码和应有的责任，在对儿子行为和心理变化的忽视中贻误了必要和关键的"战机"，造成了被自己看似突如其来的毁灭性打击和伤害，为儿子因亲子关系的淡漠、紧张而带来的孤独等负面情绪和问题埋下了难解的伏笔，使正处于生理和心理都在显著变化时期的虎子必然滑向心理健康问题和精神开始崩溃的境地，无力无助，难以自拔。如此成长，何不困惑、烦恼、抑郁、垮塌……

　　这个案例叙述到此，我是五味杂陈，百感交集，心潮涌动，就想一吐为快。奥地利精神病学家、个体心理学创始人、心理学家阿德勒曾经这样说过："生命之路永远不存在无法克服的障碍，也不存在绝对的限制。"其实，人生就是一段自我觉悟、自我发现、自我修行和自我完善的旅程，一路向前，或风光无限，或荆棘密布，但无论多遥远、顺与不顺，都将一步步走过。这条人生之路上无论会遇到多少的困难和障碍，都将随着人们的信念和努力，以及时间的推移通通过去，恰似诗人陆游在诗中所吟："山重水复疑无路，柳暗花明又一村"。

　　在此，我特别想和大家分享从事家庭教育实践和儿童青少年心理健康工作三十多年来一个深切的感悟和思考，即生命教育在人一生中的不可或缺的价值与意义。"透过现象看本质"这句话既是哲学中的主观能动性原理，又是科学诠释教育本质和规律的重要原则和方法，即教育的本真其实就是生命教育。如果站在哲学的角度看，"透过现象看到本质"就是要透过五花八门的教育乱象，即表面现象看到教育的本质，即生命教育。所以，我们只有先弄清楚"现象"与"本质"的辩证统一关系，我们才能更好和准确地把握住教育的实质和规律。按照哲学解释：现象是事物的外部联系，是本质在各方面的外部表现。现象是事物本质的外部表现，是局部的、个别的。不同的现象可以具有共同的本质，同一本质可以表现为千差万别的现象。一方面，事物的本质存在于现象之中，离开事物的现象就无法认识事物的本质，事物现象和本质的统一提供了科学认识的可能性；另一方面，现象又不等于本质，把握了事物的现象，并不等于认识了事物的本质，现象和本质的矛盾，决定了认识过程的曲折性和复杂性。因此，就如电影《教父》中的教父柯里昂形象地道出了："花一秒钟就看透事物本质的人和花半辈子都看不清事物本质的人，注定是截然不同的命运。"这句话让我们认识到把握教育本质哲理的关键性和重要性。

在《中国国民心理健康发展报告（2021 — 2022）》中，研究者对全国范围内超过三万名青少年的调查数据进行了分析，结果发现：参加调查的青少年中有14.8%存在不同程度的抑郁风险；2020年的调查显示抑郁风险的检出率，在小学4 — 6年级学生中为11.4%，初中学生中为26.6%。可见，这个特殊的年龄阶段已成为这个时期孩子们心理健康问题的高发期。显然，青少年时期是一个身心都会经历快速发展变化的重要成长阶段，对之后的成长有着至关重要的影响。

我们发现在青少年心理健康问题的一个个案例背后，都有着一个常常被忽视的原因，那就是我们的父母没有做到及时"看见"自己的孩子。从学科分类的角度来说，"看见"其实既是一个心理学词语，又是一个哲学概念；它指的是通过穿透表象，对生命个体的情绪和经历，给予深深地接纳和理解。因为，每个孩子，对于自己的父母，无疑都是最真实和真切的原爱；对于孩子，父母就是他们生命中最重要的人。如果父母能够主动和及时地"看见"自己的孩子，并给予他们及时和足够的理解、信任、接纳和支持，才能以简单而伟大的真爱，为孩子撑起一片阳光灿烂和无限宽阔的人生天地。

我们试想每一个家庭都好似一个舞台，每一种家庭生活又好似一台戏，最后都将在每一个演员，即家庭成员的演绎下造就出一个戏剧的"大结局"。比如，有一个专制型的家庭，其中父母一直报以"必须按我说的去做"的武断态度，并显示出绝对"主角"的形象，他们始终让孩子无条件地服从自己，从来不给孩子自由表达情感、思想和感受的自由，似乎整整的一台戏变成了一台"独角戏"。父母的霸道和强烈的控制欲让孩子无所适从、不得不从。如果遵从父母，那就委屈自己；如果遵从自己，那又将和父母冲突，甚至还会觉得对不起他们。反之，有一个和谐温暖的家庭，其中父母总是扮演"配角"，以一份平常心和一种朋友的姿态陪伴着孩子这一家中同样需要得到尊重和支持的"主角"。在整个家庭生活中大家相互尊重、相互信任、相互理解、相互支持，不唱"独角戏"，不搞"一言堂"，有事商量着办，"主角""配角"交相辉映，缺一不可。父母受到尊重和满足，孩子得到快乐和发展。其实，我们的生活中并没有绝对的"悲剧"和"喜剧"，只有对主题和目标的选择，以及接下来的用心"创作"和认真"演绎"，别无其他。种瓜得瓜，种豆得豆。一分耕耘，一分收获！

现实中，对经验的总结和教训的汲取，以及理性的思考和认真的反思，对于提高生活质量和创造人生价值具有重要的意义，教育更是如此。因为，只有这样，我们才能经常保持清醒和理智的头脑；才能时时拥有一颗平常心，来面对生活中一切如意和不如意；才能透过现象看本质，始终把握住教育的本质和促进孩子健康发展的方向。

人生中，每个人的承受能力都是有限的，一旦超过了能够承受的极限，心理底线就会塌陷，就很容易做出某种极端行为，成年人如此，未成年的青少年更是如此，他们的身心正处于逐渐发展和成熟的阶段，认知和承受能力还存在着一定的局限性，还欠缺足够的抗压能力。所以，我们要注意青少年的身心健康，特别是青少年的心理承受能力，还要高度重视身心的统一和均衡发展，切忌急功近利，急躁冒进。尤其是面对我们的家庭教育，任何方式的极端言行都将把教育的本真和实质推向反面，破坏亲子关系并伤及孩子。

也许有很多父母常常会这样唠叨："现在孩子的心理承受能力真是太差了，根本不如我们以前。"看似简单的牢骚和对比，其实已经违反了时间和时代的逻辑，同时完全违背了明显的事实。相反，实际和强大的事实却是，如今的孩子所面临的压力，无论从广度、深度，还是复杂程度上来说，比所谓的"我们以前"更多、更大和更深了。父母对孩子的期望值更高了，唯恐自己的孩子"输在起跑线上"，落在"别人家的孩子"后面，于是对自己孩子的学习要求越来越高，分数标准越来越严格，线上线下各种培训、辅导班不断，五花八门的模拟卷、练习题雪片般地向孩子飞来，于孩子的感受、理解力和承受力而不顾，只要自己尽了这些最大的"努力"，就自以为十拿九稳了。但是，在当下这种功利色彩十足和盲目跟风的教育环境下，太多的父母自以为是地认为这一切都是为了孩子好，却很少站在孩子的角度去认真想一想孩子的心里到底是怎么想的。所以，父母单方面为孩子用心良苦设计的"理想生活"孩子却根本不接受，也不领情。

孩子在成长的过程中，难免会遇到各种各样意想不到的事情、困难或麻烦，因为他们经验欠缺，没有准备，所以，往往手足无措，随意或盲目而动，一旦受阻、受挫和受打击之后，就会对自己产生怀疑，进而怀疑人生，甚至怀疑整个世界都在和自己作对。特别是在经受了很多次打击或磨难之后，身心又没有得到及时和有效的舒缓和安抚，孩子就会在不经意间产生"活着有什么意思？""活着有什么意义？"等念头和心理活动。其实，孩子和大人一样，在人生的不同阶段都会遇见相应的困难、烦恼和痛苦。如果说与大人会有所不同，那么很可能就是孩子往往会把自己所面对的烦恼在心里无限地夸大。由于环境、他人和网络的诱导、刺激和影响，从而降低和扭曲了他们的判断力和是非观，进而做出某种或一些不当、错误或过激的选择和事情，因此，面对孩子的成长和教育问题，父母的头顶上好似悬着一把宝剑，如何选择和利用好它锋与钝的两面，就是对父母理性、能力和智慧的考验，也是父母不可推卸的责任，更是孩子未来命运走向的关键所在。所以，这个时候父母头顶上这把宝剑的指向选择和坚持力度就成了孩子的人生坐标和选择，从此，不仅让他们的内心拥有了安全感、归属感、踏实感和满足感，懂得并找到了生命的价值和意义；还进一步地明确了人生的方向和定位，找到了真正的自尊和自信，获得了让自己义无反顾和勇往直前的最大力量。

来自诗词里的青春感言

写到这里，我突然想起了清代诗人袁枚的两首《苔》，恰似一江清新而温暖的春水流入我的心田，在此与大家一同赏析，从中再次感受、体会和领悟青春，我们可以借此鼓励孩子珍惜花季时光，走过这段充满着压力、挑战、梦想与希望的青春岁月。

苔（一）

白日不到处，青春恰自来；

苔花如米小，也学牡丹开。

赏析： 一个不宜生命成长的地方，可是苔藓却长出绿意来，展现出自己的青春，而这青春从何而来？它就是凭着坚强的活力，突破环境的重重窒碍，焕发青春的光彩。

春的花儿，开了又谢，令人疲惫但不后悔；寒冬的雪儿，飘来飞去，让君心醉却无憔悴。青春充满了叛逆，却不愿滞留；青春凝聚了快乐，也有数不清的烦恼。韩偓感慨光阴飞逝，"樱桃花谢梨花发，肠断青春两处愁"；唐寅刻画深闺凄楚，"雨打梨花深闭门，孤负青春，虚负青春"。

鲜花无语，却散发芬芳；青春无语，却焕发活力。青春是意气昂扬的心境，青春是壮怀激越的意志，青春是勇于担当的信念。苏轼岁末时感叹，"烟花已作青春意，霜雪偏寻病客须"；辛弃疾宴会上高呼，"席上看君，竹清松瘦，待与青春斗长久"。青春就像一场绚烂的烟花雨，成长却是勇敢地告别青涩的岁月，跌跌撞撞地奔向远方。

苔（其二）

各有心情在，随渠爱暖凉；

青苔问红叶，何物是斜阳。

赏析："青苔问红叶，何物是斜阳"，青苔不起眼，红叶很艳丽，但是我们各有各的活法，各有各的心情，你喜欢在温暖的地方生长，我喜欢一片阴凉，我想问问你，什么是夕阳西下啊？

你的庙堂荣华，轻衣快马确实不错，但是我在这山野随园，听风看月，也很快乐呢！就如同我笔下的青苔一般，在这随园里散发它的怡人清香。

"也学牡丹开""何物是斜阳"，我们在各自的天空里书写自己的人生，用各自的生命绽放青春的光彩，渺小但不卑微，平凡亦不普通。

"随渠爱暖凉"，人生选择不同，你走你的阳关道，我过我的独木桥，我的青春我做主，我的人生我做主。

以上内容出自《品诗赏词》几首描写青春的古诗词一文。从这些诗文中，人们不禁感慨：青春，是人生中最绚丽、最玄妙、最精彩和最宝贵的美好年华，她好似清晨的朝阳，温暖而灿烂；她犹如遍地的鲜花，清新而芬芳；她好像奇妙的画卷，诱人而抢眼。她被世人所推崇、盛赞、眷恋和向往。然而，青春期不仅是一段奇特的人生阶段，还是一个多思多虑的时期，更是一个变幻无穷的季节。在这个特别的阶段、时期和季节里，孩子们自由奔放、天马行空、我行我素；时而欢天喜地、手舞足蹈，时而喜极而泣、郁郁寡欢；时而慷慨陈词、理直气壮，时而萎靡不振、灰心丧气。常常悲喜交加、苦乐相伴、好坏交织。这就是青春，这就是青春期的色彩和不一样。

（以上诗词赏析引自李满和青荷诗话两位作者，在此一并感谢。）

08

15岁男孩的"秘密"

孩子在进入青春期后，身心发展也进入了快速变化的时期，即孩子生理、心理、社会行为等方面从未成熟走向成熟，也是孩子认识能力与方式迅速提高和改变、自我观念创新突破，从心理上重建人生的重要时期。由于受到知识、认知、经验和能力等的局限，心理健康一系列问题也就随之出现，作为父母应该在现有的经验基础上对孩子，特别是青春期孩子的成长和发展可能遇到的问题提前有一种预测和准备，比如转学适应问题、性健康教育问题、人际交往问题等，努力做到提前了解和掌握这个时期孩子的一些心理特点及其表现，这将对他们青春期身心的平衡发展和顺利度过起到积极而有益的促进作用，未雨绸缪，才能防患于未然。

亲爱的爸爸妈妈，你们好！想了很久很久，今天终于能完成我的心愿了，时间一拖再拖，仿佛就在等这一天，一个空气清新、阳光明媚的日子，也是我们一家人团圆的日子。倘若很早以前就给你们写了，那肯定就不是今天的语气、内容、心情和主题了。难怪姥爷有这么一句口头禅：一切都是最好的安排！

爸爸妈妈，首先要感谢你们把我生在这个家里，让我有了一个温暖的家，给了我一个快乐的童年！就是到现在还有很多小伙伴和同学依然在羡慕我的童年。在部队大院里的日子是我最自由、最轻松、最快乐、最充实和最有意思的日子，还有很多很多说不完的"最"！

今天我还清楚地记得，在大院里玩着玩着，我怎么就成了小小的"孩子王"，我带着小伙伴们玩遍了大院的每一个角落，我还记得大院里好像每个月都会有一顿"忆苦饭"，就是所有的人只能打到一碗玉米面还是玉米糁做的饭，还有一些苦菜叶，反正当时我吃了一口就咽不下去了。这是我记忆中大院里最奇葩的一件事了。李叔叔还偷偷地把我和另外两个小伙伴带到后面的厨房里，给我们做了一碗鸡蛋西红柿面，真是香极了，那是我这辈子吃过的最好吃的面了，现在说起来还会流口水呢。这件事我今天才"交代"，爸爸，您千万不要怪我呀！

老爸，大院里的点点滴滴，大院里的人和事，大院里的欢声笑语、风风雨雨，大院里的威严和柔情，大院里的叔叔和阿姨的一举一动，大院里的一切一切至今依然历历在目，不胜枚举。就是这样的人和事、这样的环境和氛围、这样的生活和成长、这样的体验和感受让我有了最自然、最真实和最美好的生命体验，有了精彩绝伦的童真梦想，有了一个没有误解、没有猜疑、没有伤害、没有痛苦和没有任何压力的难忘童年，有了一个小男孩最自在、最得意、最过瘾、最舒服和最酷的宝贵时光。所以，我跟所有的小伙伴、同学和所有人说，我的大院时光和童年记忆是这个世界上最美好和最幸福的！因此，我要深深地感谢你们！正因为有了这样的温暖、快乐和幸福，也才有了我面对困难和痛苦的勇气和信心；正因为有了你们给予我的无私真爱和付出，也才有了我今天勇敢面对现实的自信和决心。我还要感谢姥爷姥姥和见面不多的爷爷奶奶！你们的理解、迁就、疼爱和体贴，让我感受和懂得了什么是真正的隔代亲和另外一种无法忘怀的真爱。有你们真好！兵兵永远爱你们！

亲爱的爸爸妈妈，我今天之所以这样的激动，除了我要好好地感谢你们之外，就是想借着这份从未有过的心情和不知道从哪里来的勇气跟你们说说心里话，我怕万一错过了，我又没有信心和机会表达了，我曾经听爸爸在电话里跟一个叔叔这样说："择日不如撞日"，所以，我觉得今天也许就是向你们诉说的最好时机，就让我无拘无束地一吐为快一回吧！

我知道，从小你们就特别地爱我、心疼我，给我的都是最好的，希望我的每一天都是快快乐乐的、我的一生都是健健康康的，没有痛苦、没有疾病。我还听姥爷姥姥说，为了专心地爱我，你们还放弃了给我生一个小弟弟、小妹妹的计划。其实，说实话我并不是想要成为你们所谓的唯一，反而，我唯一的愿望却是想一直都能够得到你们始终如一的理解和陪伴，一直都能够看到你们的笑容，一直都能够和你们平等地对话，一直都不希望听到和看到你们因为我而争吵和不愉快，一直都不愿意你们因为我而误解和伤害到姥爷姥姥和爷爷奶奶，咱们一家人一直都能够和和睦睦、快快乐乐地生活在一起。

我今天特别想跟你们说的是，在我上学期间，我没有因为手机、网络和游戏的事让你们操过心，也没有因为作业和学习问题让你们紧张过、烦恼过，更没有因为我在学校和外面出问题或闯祸让你们没面子、受损失。好像在我转学以前，你们没有因为学习给我施加过压力，也没有因为工作忙疏远或忽略过我，更没有像其他父母那样强迫和为难过我。所以，过去的很长一段时间里，我们是默契的、和谐的、幸运的和踏实的。但是，我有两个问题，也是我今天要和你们交流的主题。一个问题是，不知道你们从什么时候开始，出现了明显的着急情绪，特别是爸爸有时候对我很严厉，做事情武断，从而忽略了我身上的一些细节变化和实际需求，让你们一叶障目。另一个问题是，我们之间轻松和友好的交流习惯也不知道什么时候、因为什么而不见了。我一直在想，这两个问题应该就是我在转学以后不久开始出现一系列问题的主要原因！

刚开始的时候，我并不是很在意和反感你们的焦虑情绪，因为我以为你们是一时的情绪，而且绝对不会是为了伤害我，心想谁没有一个着急的时候。但是，我这样的善意却一直都没有引起你们的在意和重视，倒是让我没有想到和不能理解。所以，我们就这样心照不宣地走过了一段不短的时间，造成了后来你们越来越急，有时候还会莫名其妙地说我一顿；而让我越来越感到难受，并且无从、无法诉说和解脱。我在想，如果那个时候你们并不焦虑，还像以往一样地和我说话，并耐心地听我把话说完，很可能就不会有误解了，你们既理解又帮助我，我肯定也就很快走出困惑和不安，也就不会在心里积压这么多的问题了。本来，爸爸一直都是我的榜样和力量，每当想起爸爸的一身正气时，我都会振奋不已。但是，后来爸爸变得急躁、严厉、冷淡，这不仅让我们相距越来越远，还让我们变得越来越陌生，我的爸爸好像变成了别人的爸爸，好是别扭和奇怪。妈妈却随着爸爸的力度加大而变得越来越没有主见，不像原来一样还能和我用心探讨问题，脾气也开始变得越来越不稳定，甚至有时候情绪还会有些失控。说到这，我突然想起了一位智者说过的话，好像就是专门对你们说的一样，你们不妨听一听，或许还会有所触动："人生最遗憾的，莫过于，轻易地放弃了不该放弃的；固执地坚持了不该坚持的。"

　　爸爸妈妈，既然都说到这个程度了，也就没有什么顾虑和纠结了，我也就实话实说了。也许我直说了，你们就恍然大悟了！希望我们都能认真、严肃和坦然地面对。这就是，过去你们，特别是妈妈一直为了关注我的身体长多高、有多重、是否"达标"，所以，每天都在关心我吃什么、吃多少和吃多好，甚至可以说是不惜一切代价，除此之外，你们的注意力里就没有别的什么了。可是，问题恰恰就出在了这里。你们，特别是爸爸已是"过来人"，难道你们就没有因为我的年龄联想到什么吗？你们总不会是什么特殊材料做成的，跟正常人不一样吧？你们真的没有发现我的身体出现了特别的情况吗？嗨，我干吗还要问你们呀！我就直接说了，我上了初二以后就出现遗精了，好在以前我们羞羞答答地上过一点生理课，对这个生理现象有一点隐隐约约的概念和记忆，否则，可能就不可想象了。但是，自从开始出现这种事以后，每次身体的感觉都是怪怪的，除了难以启齿外，就是无处和无法表达。再就是，它会让我的心里七上八下、不知所措的，想来想去，除了别扭还是别扭。为此，常常会让我魂不守舍的，还会分散注意力，每次之后要么会猜想下一次会是什么时候？到时候自己又将怎么样？要么就会不自觉地期待下一次能够早一点到来，毕竟身体会有一种快感，心里会有一种愉悦。所以，心里错综复杂，充满了矛盾。这应该也是影响到我注意力集中和学习的一个重要原因吧！爸爸妈妈，你们这下明白了吧，能了解我了吗？我当时就曾经想过，如果那个时候你们能再主动和细心一点，能够提前想到并让爸爸告诉我这是怎么回事，尤其是明确而平和地告诉我这是每个青春期的孩子都要经历的一件事，是一种正常的生理现象，那么我从第一次面对开始，我就不会有突如其来的不解和惊慌失措了。又如果这种事情第一次毫无预兆地来过之后，我就勇敢和坦然地告诉你们，你们也就能够在第一时间知道我的身体真相了，也就可以及时地给予我合适的引导和亲切的安慰，我也就不会因此造成这么多的麻烦而影响情绪和学习，感到稀里糊涂和不知所措，更不会把那么多的时间耽误在里面了。

爸爸妈妈，今天一吐为快后我彻底的踏实和安心了。我主要想告诉你们我现在的选择和目的是什么。我相信你们看到这里应该也能猜到一些了吧，那就是我想，不！应该是必须和你们商量今后我们应该怎么重新"和平共处"，你们不要再着急和生气了，我也不用再稀里糊涂地成长了，我们好好地相互信任、相互理解，各司其职，齐心协力，既让生活过得有滋有味、丰富多彩、健康快乐，又让我能踏踏实实、安安心心和专心致志把学习赶上去，再把基础打牢，争取尽快恢复到正常状态，力争在不久之后的高考中打一个翻身仗！你们愿意相信我吗？

亲爱的爸爸妈妈，我已经看到你们脸上的皱纹了，一路陪伴我，你们辛苦了！接下来你们就看我的努力吧！儿子真的希望你们不要再生气、再着急了！只要我们按约定去做、去努力、去坚持，我们就一定会越来越好，就一定会实现我们的共同愿望，就会有一个美好和幸福的未来！我想用学习中留下的阅读记忆与大家分享：真正的坚韧，应该是哭的时候要彻底，笑的时候要开怀，说的时候要淋漓尽致，做的时候不要犹豫。人生的经历就像是铅笔一样，开始很尖，经历得多了也就变得圆滑了，如果承受不了就会折断。人这一辈子，难免磕磕绊绊，有起有伏。除了一往无前的勇气，我们更要学会低头懂得让步。所谓成功，既要有拿得起、拎得动的能力，也要有放得下、看得开的智慧。其实，成功的道路并不拥挤；只是，大部分人选择了安逸！

第一次面对考验

这个案例中的兵兵出生在一个原本和谐的家庭里，父亲是山东人，母亲是河南人，真可谓"标准"的邻居。兵兵从小生长在部队大院，和众多的小伙伴一起有着一个自由奔放和天马行空的多彩童年。直到父亲被调到外地工作，才和母亲一起搬到了城里和姥爷姥姥住在一起。

兵兵的幼年、童年和少年的一半时间都是在部队大院里度过的，大院特有的文化给壮壮的成长装点上了丰富的色彩，大院的军号声、拉号声、整齐的步伐、威风的方阵、严明的纪律、嘹亮的口号、雄壮的歌声、英俊的身姿无不给兵兵的身上增添了特有的气质和自信，为他幸福快乐的童年打上了军绿和勇敢的底色。

那时候，父亲在大院里上班，母亲每天都坐部队的班车上下班，生活很规律。一家人每天都能其乐融融地生活在一起，兵兵的幼年和童年生活得自在、奔放、舒适、安宁和自豪。幼儿园、小学和小升初都如行云流水般地顺利度过了，与同龄人相比，兵兵是幸运的，没有遭受过大多数其他同学的学习之苦，更没受过来自父母的训斥和打骂，似乎自己就是那个传说中的"别人家的孩子"。父母没有像很多别的家长一样为了孩子的学习费神过，也没有被"输在起跑线上"的伪命题所绑架，更没有和别人去攀比而破坏过家庭氛围和亲子关系，同样属于很少的那一部分幸运家长。因此可以说，这也是当下现实生活中极其少有的幸运家庭。孩子健康幸福成长，这不就是所有父母所追求和最大的愿望吗？由此，我联想起了不久前我的弟妹在给儿子过周岁生日时说的一句话："我的宝贝儿，慢点儿长大。这一生不求你出人头地，只愿你平安喜乐。"让我很感动，也牢牢地记住了这句话。高尔基曾经这样说："童年时代是人生中最美好的，因为孩子们无忧无虑的生活，而成人们却得为他们忙碌奔波。所以，我们应终生保持儿童的感情与思想状态。"

由此可见，兵兵的童年不仅是健康和快乐的，还是顺畅和幸运的，所以，难能可贵，值得称赞和珍惜。苏霍姆林斯基很重视童年在人生长河中的重要性，他在《给教师的100条建议》一书中提出："真正的教育是登上童年微妙的真相之巅。"

兵兵和母亲一起搬到城里以后，为了生活方便和有利于中考，父母经过反复考虑并征求了壮壮的意见，把他转入了当地的一所重点中学，继续初二阶段的学习。刚开始的一个多月，兵兵的精力主要是用在了适应新环境上，同学和老师都是新面孔，所以，就这一点对于正处于青春期的兵兵来说，可不是一件简单和容易的事，可以说是他从未面临过的特殊挑战，也是对他心理素质的一次很大的考验，更是他在这个完全陌生环境中能否早日和顺利过关的一场人生考试。

起初，兵兵一边主动地去适应环境，一边积极地去应对学习，因为有原来的基础和底子，所以基本上还能吃得消。但是，好景不长，刚刚两个月过后，兵兵不仅觉得学习开始吃力了，而且心里也开始变得越来越不舒服，不安、烦躁和急躁的情绪开始与他相伴，身体也跟着感到别扭和难受起来，全是从未有过的感受和体验。母亲和姥爷姥姥也在有意无意间注意到了兵兵与过去的不同和变化。然而，或许是基于以往良好的家庭环境基础和和睦的亲子关系，母亲虽有察觉，但并未表现出特别的敏感，更别说父亲的聚少离多，所以，家庭氛围还处于相对平稳之中，反而是姥爷姥姥比母亲要反应强烈一些，会比以前更频繁地去过问和关心他们一直引以为傲的这个宝贝外孙。

然而，很多事情并不以人的意志为转移。突然有一天发生的事情才彻底地引起了家人的格外注意。那就是来自兵兵屋里的一声巨响，当屋门被推开的一瞬间，姥姥被眼前的一幕吓坏了，兵兵右手的鲜血滴在地上大大小小的玻璃碎片上。姥姥的一句大声喊叫："宝贝孙子，你到底怎么了?!"立即唤来了正在客厅看电视的姥爷，接着就是惊慌失措从卫生间跑出来的母亲，三代人一时间手足无措地碰在了一起。相对冷静一些的姥爷很快把兵兵拉到了客厅，用姥姥拿来的医用品给兵兵做了一个家庭式的包扎，姥姥又赶紧走去兵兵的屋里"打扫战场"，母亲急着移步到客厅的阳台拨通电话向身在外地的父亲通报这突发情况。在电话的另一端都能清晰地听到父亲那急迫的追问声。仅仅几分钟内，一家四口仿佛经历了一场突如其来的"战争"，猝不及防，或许是母亲收到了父亲的具体指示，加上母亲的慎重考虑，以免再节外生枝和发生"次生灾害"，所以，选择了暂时"息事宁人"。毫无疑问，对于全家人，特别是兵兵这肯定是一个不平静的夜晚，或许真是"今夜无人入眠"！

第二天一早兵兵还是照常去上学了，姥爷姥姥破天荒第一次"尾随"孙子，直到看着兵兵走进了校门才转身往回走；母亲也在午后就早早地赶回了家，接着手中就响起了父亲打来询问儿子情况的电话，真是可怜天下父母心！为了慎重起见，母亲利用中午时间非常客气地给班主任老师发了信息："谢老师好！兵兵昨天因不小心，在家里把右手划破了，特向您报告一声！另外想麻烦您问一下孩子今天在学校里的情况，真是给您添麻烦了，谢谢您！兵兵妈妈。"大约十分钟后，兵兵母亲收到了谢老师的回复："兵兵妈妈好！我刚才去了解了一下，兵兵除了上午最后一节体育课在旁边看了一节课外，其他地都正常！好像气色差一点，但应该没问题。如有什么新情况，我会及时联系您。"母亲看完，总算是深深地松了一口气。

下午正常放学后来兵兵径直走进了自己房间，直到姥姥去叫他出来吃饭，大约一小时的时间，兵兵屋里一丝动静都没有，反而平静得有点让人生疑。或许是大人已经商量好了，晚饭期间谁都不提昨晚发生的事情，一方面让兵兵好好吃饭，一方面也细心地观察一下兵兵会有什么反应。然而，令人欣慰的是，兵兵虽然明白大人的特别用心，特意为他加了菜，而且几乎都是他从小的最爱，但他并没有做出特别的反应，如刻意提起或表示感谢，而是默默地"照单全收"了，充分显示了这个和睦家庭的真正默契。

或许是因为吃得舒心和过瘾，加上基本一整天的思考和反省，兵兵选择"不打自招"了，主动向家人讲述了事情的经过，昨晚的突发事件终于真相大白。按表象描述，就是兵兵在自己屋里学习的时候，突然放下手里的笔，站起来，抓起桌子上的玻璃杯就狠狠地往地上摔，不巧的是玻璃杯先碰到了书桌的一角，因为力量很大，所以玻璃杯瞬间破碎的同时，兵兵的右手多处被玻璃碎片重重地扎伤，鲜血直流，疼痛难忍。按事由来说，主要在于尽管兵兵在转学和换环境后已经非常主动地去适应，但还是有一百个不如意在困扰和为难着他，加上身体上从未有过的不适、不舒服，甚至有时候有一种特别的难受和说不出口的尴尬，让他已经在很长一段时间内受尽了折磨，无知、无助、无奈、苦恼、焦虑、烦躁，甚至愤怒一股脑地涌上心头，再加上从未有过、毫无经验、难以控制和一时冲动，所以做出了一件毫无预兆和准备却又让人后怕的事，伤害了自己，吓坏了家人，或许还惊动了邻居。

到此，我们大概知道和明白了兵兵现在的处境和心境，也了解了昨晚那突如其来的"恐怖一幕"背后的真实缘由。但最重要的是，这很大程度上是缘于他们良好、和谐的家庭氛围与亲子关系基础，所以，兵兵能够在强烈的心理反应和冲动行为之后，选择控制和冷静，并主动地和家人进行及时的沟通与交流，这一点实属难能可贵。在接下来的时间里，特别是经过了这件事之后，家人各自的心态都在发生着或微妙或明显的变化；尤其是针对兵兵学习情况和身心的变化。

这件事发生之后，家人特别是母亲和在外地的父亲开始事事处处小心起来，一方面，他们密切关注着兵兵的一举一动，甚至有时候还会表现得谨小慎微，唯恐作为外力的他们有意无意地刺激到孩子，再发生类似上次的严重事件；另一方面，他们又因孩子的学习、身体和心理状况越来越不佳，变得无计可施和焦躁起来，情绪也跟着起伏不定和反反复复起来，甚至有时候还会因一时冲动而有所失控。从此以后，家中的姥爷姥姥再也轻松不起来，开始变得要么支支吾吾，要么唠唠叨叨，而这一切变化主要在于太在意和担心他们这个宝贝外孙。这个家就这样在相互的观察、试探、忍受和迁就中勉强地走过了兵兵的初中生活，兵兵也奇迹般地以中上等成绩有惊无险地"挤进"了离家不远的一所区重点高中，尽管距原来的期望目标还是差了一截，但最后还是让大人们获得了一丝的欣慰，兵兵也是在无奈的心态中接受了这一略带"残酷"的事实，因为他心里明白，要不是过去的几年遇到了那些让他不知所措和尴尬无奈的"窘事"，他的中考肯定不会是现在的这个结局，就是现在想起来也是五味杂陈，百感交集，无限遗憾。然而，从小爱读书的兵兵还是从书中找到了让自己勇往直前的力量：遗憾也是一笔财富，它让你在不知不觉当中成熟。人生不可能没有遗憾，但人生不能总沉溺于遗憾中。回首中拾起一丝感悟，轻叹中收获一种豁达。人生难免有遗憾，但因为遗憾而放弃追求，那才是真正的遗憾。

兵兵中考后不久，父亲也在升职后调回了原来的单位，回到了阔别已久的大院，而对于他来说最大的意义就是回到了儿子的身边。兵兵也因此有了重返思念已久的"童话世界"，即大院的机会，而且，此时的父亲已摇身一变成了这个大院的负责人，一种难掩的兴奋和自豪油然而生。不管怎样，父亲的"突然"回归还是让兵兵的心里喜忧参半。喜的是他和父亲之间不用再分身两地，隔空喊话了，有了面对面交流的机会；忧的是回到了他身边的父亲如果不改曾经有过的严厉作风，那将是一种难言的遗憾。不过，从兵兵的表情中还是能够明显地看出来，在他的心里肯定是喜大于忧的，这或许就是曾经牢固的感情基础发挥了积极的作用。在父亲回来的一个多星期里，兵兵感觉到了家庭气氛有了微妙的变化，他在猜想肯定是母亲和父亲说了什么？或者他们一起讨论和商量了什么？抑或他们和姥爷姥姥谈了什么？但是无论如何，一定都是关于他的所有问题，他在猜测，一是因为曾经发生了那件在家庭中具有历史性的"大事"，并造成了很大的不利影响，甚至到现在还有着抹不去的痕迹；二是因为他现在已经进入准备高考的阶段了，剩下的这些时间里肯定不能再出任何意外了，否则，后果不堪想象。为了这一点，父亲一定是在"排兵布阵"，统筹全局了。

兵兵借着周末的机会，跟随父亲一起回到曾经留下他童年最美好记忆的大院，"故地重游"了一天，回到家后，带着兴奋、感动、满足和一种特别的快乐心情，在睡前激动地提笔给父母认认真真地写了上面的这封信，读罢，让人泪目，又让人喜出望外。

对父母的提示

　　"童年时代是生命在不断再生过程中的一个阶段，人类就是在这种不断的再生过程中永远生存下去的。"爱尔兰剧作家萧伯纳在他的《父母与孩子》中这样写道。兵兵有一个幸福和快乐的童年，在他幼小的心灵里埋下了一粒奇彩而美丽的种子，为他的少年生活打下了良好的基础。但是，之后生活中的很多意外和遗憾又给他曾经美好的记忆蒙上了一层阴影，成了他年少人生新的遗憾。

　　然而，遗憾又是一笔人生财富，它让我们在不知不觉、自然而然中走向成熟。人生，永远都不可能没有遗憾，但人生却又不能总是沉溺于遗憾之中。人生虽然有遗憾，但是，如果因为遗憾而放弃追求，那才是人生真正的遗憾。所以，三毛感慨道："童年，只有在回忆中显现时才成就了那么完美。"

　　青春是人的一生中最珍贵的时光礼物，活力无限、朝气蓬勃、积极向上、不可限量是他们青春的标签，自由自在、不受约束、追求独立、个性十足是他们青春的气质。茫然、困惑、脆弱、焦虑、慌乱、冲动、过激和不知所措是他们青春的短板。他们在从幼年、儿童走向成为少年、青年的人生旅途中，或风调雨顺、一路欢喜，或暴风骤雨、一路沮丧；青春期的他们就好似一只只飘在空中、上下起伏和摇摆不定的风筝，为了确保他们不仅飞得高、飞得远，还要飞得稳、飞得久，作为放飞人的父母，既要攥紧手中的连线，还要一放一拉、有松有收，始终给予他们最可靠、最安全和最有力的依靠，以及最贴心、最温暖和最长久的陪伴，尽情地放飞他们令人羡慕和无限向往的青春！如何与孩子携手相伴、一同度过？如何助孩子一臂之力、力挽狂澜？如何努力成为孩子青春期路上最亲、最近、最暖和最给力的同道伙伴，助力他们平稳过关就成了一次人生大考。以下建议供大家参考。

其一，彻底破除我们传统文化中的糟粕，比如，父母向孩子俯身和低头并不是什么没面子、掉价和不光彩的事，反而恰恰是宽容大度和更有尊严的行为。学会及时、适时向孩子道歉，并真诚地说一句"对不起"，这是父母掌握教育的一把钥匙，它将顺利地打开孩子的心门，进而才有机会走进孩子的内心。借着这次兵兵鼓起勇气向父母敞开心扉、真情、真心和真实告白的最佳时机，父母也应该及时回以诚恳、善意和心甘情愿的态度，并深深地向孩子道一声"宝贝儿，对不起！"恳请孩子能够理解和原谅作为父母在过往的不当、不是、错误，甚至是严重"失职"，让兵兵能够在第一时间接收到来自父母主动和积极的友好信息，感受到父母真诚如初的爱和情怀、温暖依旧的信任和体贴，以及未来可期的重归于好和无限可能的希望。这将是极大程度促进孩子重新出发和重整旗鼓的关键一步，也是从此改变家庭生活方式、恢复以前良好亲子关系的要紧一步，更是一家人回归幸福生活、全面提升生活质量和人生品质的重要前提。

比如，对于兵兵来说，初二上学期突如其来和毫无防备的

"遗精"现象是造成他身心突变并影响他正常生活和学习，进而又使青春期逆反情绪加剧的主要原因，这也是他勇敢迈出开诚布公向父母坦露心声第一步的重要理由和原因。兵兵也在给父母的信中特意提到了这个难以启齿但又不得不说的尴尬问题发生后，他的父母却一无所知，麻木不仁，这给他带来无限困扰的遗憾。可见，这个所谓的尴尬和难言问题对于像兵兵这样正处于青春期的孩子来说是多么重要和关键。这些问题处理得是否及时、得当、巧妙、科学，将关系到他们青春期逆反程度能否得到缓解，关系到他们能否平稳、顺利和安全地度过青春期，以及能否降低这些事情对他们的身体和心理健康带来的不利影响。所以，正确面对和实施性教育就成了孩子青春期教育的重要课题和任务。

在当今现实中，性教育亟待提上日程。相关机构的调查显示，近年来大约有74%的家长回避和孩子谈性，有近50%的家长从未提过性教育的相关内容。在性教育上，柴静在《看见》一书中指出问题所在："我们把无知当纯洁，把愚昧当德行，把偏见当原则。"羞于谈性，不敢谈性，不许谈性。所以，使性教育成了我们整个教育中的一个严重短板。它的形式化存在、不足或缺失让越来越多处于青春期的孩子深陷其中、深受其害、不得安宁。

性教育，对于每一个生命的发展和个体的成长具有重要意义。只有及时、科学和全面的性教育才有助于每一个受教育者具备一定的相关常识、意识、方法、技能、态度和价值观，进而确保获得健康、幸福、快乐和做人的尊严。医学家吴阶平先生曾经强调说："性教育就是进行有关性道德、性科学和性文明教育培养的社会化过程，是一个涉及学校、家庭和社会的系统的教育工程，也是一个随年龄不断变化的再社会化过程。"

因此，作为孩子第一个和终身老师来说，父母除了关注孩子的身体、生活、学习和其他事情与活动外，一定要认认真真地通过学习、请教和思考给孩子补上"性教育"这人生不可或缺和重要的一课。由此，父母就可以自然、坦然地去面对孩子青春期的一系列生理和心理反应、问题和对策。从而，问题不再尴尬、问题无须回避、问题不再是问题、问题成为成长、问题促进发展。

父母就可以不再羞涩，并大大方方地与孩子分享有关青春期的常识和坦然面对的心态，一切就变得自然而然、顺理成章和合情合理了。从此，父母明白了问题和职责所在，不再缺位，不再顾虑；孩子懂得了身体和心理秘密，不再慌张，不再彷徨。

比如，青春期遗精是男孩性成熟的生理性标志；是正常的生理现象。精满自溢，男孩在进入青春期后，随着生殖器官发育和渐渐成熟就会出现遗精现象，同时，对异性开始产生想亲近的兴趣，有时还会出现性冲动。因此，青春期男孩遗精不仅属于一种正常的生理现象，而且与疾病基本没有什么关系。与孩子一起经历这个特殊的过程，对于父母来说，其实就是另外一种成长，同时也是一次及时和必要的自我教育。

在上述前提下，当青春期男孩第一次出现遗精时，父母首先就应该消除惊慌失措，甚至焦虑不安的情绪，放下心理和思想负担，耐心倾听孩子的表述和心声，及时了解和掌握孩子这个时候身体和心理的细微变化与所求，并给予充分的理解和适宜的相助。同时，父母还要细心关注男孩随后的日常生活中，是否会出现一些不当或不良的生活习惯，如经常手淫、开始涉及与色情相关的读物和信息，以及观看或浏览一些不健康的内容和视频等，并对与两性相关的萌动、试探和行为等事情进行心理和思想方面的积极引导。另外，在日常生活当中，父母，特别是母亲要提醒孩子注意个人卫生，勤换内裤，并保持自身和床上用品的卫生、清洁，遗精后注意及时清洗自己的身体，以免引起泌尿系统感染等不利于身体健康的意外情况发生。更重要的是，要积极鼓励青春期男孩经常参加各项体育运动和文体活动，并努力培养丰富的业余爱好和生活情趣，把特别的注意力转移到生活和精神的各个方面，以问题促成熟，以体验促成长。

其二，倾听才是最好的教育。以兵兵为例，对于青春期的孩子来说，他们最大的需求之一就是随时都有可以"诉说衷肠"的对象和机会。父母只有俯下身子，耐心地倾听孩子内心的心声，才可能和有机会了解孩子的心里到底在想什么，又是怎么想的，他的需求是什么，他的愿望是什么。以下先和大家分享教育家苏霍姆林斯基亲身经历的一个故事，想必一定会给予我们关于这个问题的启示，让人受益匪浅。

在苏霍姆林斯基当年教学期间的一年冬天，房子外面早就没有了生机。学校暖房里却有许多菊花，有一朵蓝色的名为"快乐之花"，全校师生都极为喜爱，在它的花期内，每天都有人前去观赏，但没有人舍得摘下它。这天，苏霍姆林斯基在校园内散步，看到一年级女孩季娜，在花房里摘下那朵花，把它抓到手中，镇定从容地往外走。

苏霍姆林斯基看到后弯下腰，亲和地问季娜："孩子，你为什么要摘这朵花？"小女孩回答："我祖母病得很重，我告诉她校园里有这样一朵花，她说可惜自己见不到。我就想摘下来送给祖母看，我只是借走，祖母看过后，我就把花送回来。"小女孩的这番话，突然让苏霍姆林斯基的心颤动了，思想片刻后便对季娜说道："你再采三朵花，一朵给你，为你有一颗善良的心；另外两朵是送给你的父母，为他们教育出了一个善良的人。"

这个短短的小故事告诉我们，在我们陪伴孩子成长的过程中，只要我们愿意俯下身子，主动地去倾听孩子内心的声音，就一定会从中发现一个十分单纯、可爱的天使，就像季娜一样；但是，如果我们不想或没有去倾听，而只相信自己的眼睛和所谓的经验与判断，那么，我们只能发现我们和孩子是那么陌生，孩子离我们又是那么遥远。

在几十年的教育实践中，我常常说："万事必得法！"现在看来，它绝不是一句口号，而是一个真理。我们从这个故事中获得的最大启发就是，教育一个孩子，绝对不可能只有一种方法，反而可能会有十种、一百种、一千种，甚至上万种方法。然而，事实却是，其中一定有一种方法相对来说是最好、最实用和最有效的，只要用对了、用好了，问题便轻而易举地迎刃而解，同时受益匪浅，皆大欢喜。

比如，在以上故事中，苏霍姆林斯基就用了"反向式"的教育理念和方法，马上就得到了最真实、最有效、最有力和最好的实践检验。以此为鉴，痛定思痛，希望我们能够通过认真而深刻的反思与觉醒，早日彻底抛弃我们教育中不合时宜和错误的传统、固执、偏见、封建、狭隘、功利和严重脱离实际的思想痼疾，还我们的教育生态应有的一片蓝天，让我们的教育在现实中始终都能对准教育的核心目标，即真爱的教育和滋养。就像苏霍姆林斯基所说："在每个孩子心中最隐秘的一角，都有一根独特的琴弦，拨动它就会发出特有的声音，要使孩子的心同我讲的话发生共鸣，我自身就需要同孩子的心弦对准音调。"这句话不仅让我们感动，它更让我们深刻而理智地明白一个真实的道理，那就是，如果想要与每一个孩子的那根独特的琴弦对准音调，那就要有一颗耐心和敏感的心去倾听、去调试。而这颗耐心和敏感的心却只能、必须来自真爱的滋养和真情的陶冶。现实中，对于我们父母来说，无数的事实已经充分地证明了一个不二的道理：你让孩子说，比你说孩子要重要得多！

其三，陪伴，才是最好的教育。孩子从出生开始就离不开父母的陪伴，陪伴是父母给予孩子的最好礼物，其所给予孩子的愿望和心理的满足远远超过了其他任何物质意义上的给予。陪伴，也是伴随孩子一生成长的教育。特别是正值青春期的孩子更需要父母用心的陪伴，他们需要的不再是像小孩子那样，时刻都不能和父母分离，一直都贴在一起；而他们真正需要的，其实就是带着真爱和尊重的一句关心、一声问候，就是心灵上的一个陪伴；就是每天能够多抽出一点时间和多一分耐心的简单陪伴。他们期盼的是父母能够帮助自己早日摆脱内心的困扰，从而走向自己的自主和独立。

真正的陪伴，应该是无条件和自觉自愿的。它不仅在于时间的多少，更在于付出了多少的真心。所以，最好的陪伴首先就是要给予孩子足够的选择空间、方式和权利，让孩子能够通过独立思考，学会权衡利弊，并且敢于为自己做出的选择负责。同时，父母还要亲切地告诉孩子，今后无论发生或遇到任何事情和意外，父母一直都会陪伴在他们的身边，给予无私和最大的力量。其次，父母要主动和用心地去贴近孩子，及时了解他们内心的所思所想和所需所求。现实中所谓的隔阂与代沟，其实就是在"你在想，我在猜？""你不说，我不懂！"的情况下产生的，而陪伴却是：你最需要我的时候我就会在。正如美国科学家艾默生所说："人们不去修桥，反而筑墙将自己围起来。"又如日本著名动画师、漫画家宫崎骏说过一句话："你住的城市下雨了，很想问你有没有带伞。可是我忍住了，因为我怕你说没带，而我又无能为力，就像是我爱你却给不到你想要的陪伴。"现实中，无论父母和孩子对于陪伴有着怎样的不同感受，父母以为是负担，孩子以为是奖励；父母以为是浪费时间，孩子以为是共享快乐时光；但是，只要我们静心感受、细细品味，便会恍然大悟，原来陪伴不是父母给予孩子的施舍，而是孩子给予父母的恩惠。

现实中，有不少父母总是以"忙"做借口，忙着工作、忙着挣钱、忙着社交、忙着爱好、忙着出游，整天忙东忙西，就在这样的不知不觉中常常忽略了孩子的感受和需求，自以为孩子只要有钱花、有好吃好喝、有心仪的玩具、有漂亮的衣服、有平板有手机就可以了，殊不知，陪伴哪里是什么物质条件所能取代的，朋友是交不完的、好东西是吃不完的、好地方也是去不完的，钱是永远挣不完的、工作是永远做不完的、爱好和欲望也是永远满足不了的，但孩子的成长却只有一次。特别是青春期的孩子，他们需要的是父母甘于俯下身子的倾听、尊重、理解和心甘情愿的陪伴，同时给予父母走进他们内心世界的机会，从此，父母和孩子手拉手、心相连。对于孩子青春期的教育，方法和手段或许有成百上千种，但是万变不离其宗，其中，陪伴，就是最好的教育。

从父母的角度来说，先放下手中的手机，可能就是给予孩子陪伴的第一步。在当今社会中，最奇葩和不可思议的一件事就是，一部冰冷的手机竟然成了几乎每一个人、每一天，甚至时时刻刻最亲密的"伴侣"，而一个个活生生的人，特别是我们孩子原本温暖的内心，却常常会因为没有"伴侣"陪伴而感到冰冷和寂寞，这已成为现在众目睽睽之下的一个铁的事实，对于当今这个科学、文化、经济和信息技术高度和快速发展的社会来说，是何等的一个笑话、何等的一种悲哀啊！父母用心地陪伴孩子，并不断地丰富和完善陪伴的内容和形式，这不仅能够让孩子从中得到无尽的成长乐趣，同时，也能够使他们获得越来越有趣的家庭生活体验。陪伴，对于做父母的我们，其实就是心甘情愿地付出一点时间、一份真诚、一颗爱心、一些耐心和一种期待，并以童真的眼光与童趣的胸怀去看世界和对待孩子，从此对眼前的孩子不再唠叨、不再计较、不再挑剔、不再为学习逼迫、不再因成绩着急、不再为升学疯狂，努力给孩子降压、减压和解压，只用亲近、体贴、爱抚、理解、尊重和信任去温暖、彩绘、丰富、滋润和照亮孩子的内心世界。

对于处于青春期，特别是叛逆期的孩子来说，积极而良好的父母陪伴就好似"久旱逢甘雨，他乡遇故知"，不仅能及时填补孩子内心长久的空虚和缓解长时间焦灼和不安的心理压力，还将有力地促进家庭亲情的和睦、和谐、递进和升华，从而使亲子关系不断升级，变得越来越亲密和紧密，进而为今后随着孩子，特别是青春逆反的孩子在青春期的成长中很可能出现或发生的一系列棘手或极端问题，提供了积极而有效的解决方案参照，大大地缓解了因亲子关系矛盾可能造成的痛苦和伤害。可见，这就是温暖亲子陪伴的情感魅力和强大力量所在！

人生，从来就没有重来的机会和可能！陪伴，错过的，就真的错过了；即便有所谓弥补的机会，那也只能是今后，而不是过去；这就是"人生没有回头路"的"天理"！做父母，能够有机会见证自己亲生孩子的生命成长，看着他们在酸甜苦辣和喜怒哀乐中一天天地长大，这对于既长又短的人生来说，是多么难得、不易、奇妙和开心的一段生命体验过程和一件有益而美妙的事；更是这神奇人生给父母"慷慨"发放的一份特别"福利"。在孩子的成长过程中，特别是青春期阶段，父母高质量的陪伴不仅是给予孩子最珍贵的礼物，更是亲密助力孩子平安、顺利度过青春期，走向未来人生坦途的"护身符"。

比如，兵兵之前和目前存在的主要问题已经明确，通过以上开诚布公和推心置腹的沟通交流，兵兵和父母也因此而如释重负，分别"看见"了自己和对方，同时，也渐渐地看清了今后各自调整、改变和努力的方向，更加清楚和认识到过去自己的欠考虑、不足、缺陷、失误等个人局限和错误造成的种种遗憾和大大小小，甚至无法挽回的损失与影响。所幸兵兵果断地选择向父母彻底敞开心扉，力争获得重来和重获"新生"的机会，勇敢打破"僵局"、接通"电源"、打通"通道"、保证"畅通"、收获"信息"、确保"联络"，及时和有效地完成了家庭的"破冰之旅",从此,面向大海,春暖花开!

　　由此可见,冷静、再冷静,常常会给人带来理智和机会;向好、再向好,往往就会让人越来越感到充满信心和力量;坚持、再坚持,最终就会让人如愿以偿,收获目标和希望。

父母的未雨绸缪

未雨绸缪，防患于未然。这个案例中的兵兵虽然已开始步入正轨，但是，对于接下来的成长道路还有很多不可知的情况发生，因此，以兵兵为例，作为父母应该在现有的经验基础上对孩子，特别是青春期孩子未来的成长和发展可能遇到的问题提前有一种预测和准备，有备无患，胸有成竹。比如，兵兵的成长虽然有着明显的个性化特点，如生长在环境特殊而优越的部队大院里，从小就受到部队特有文化和气息的熏陶，父母都有着较高的素质，表现出了较好的个人修养，从小有着令人羡慕的家庭氛围和亲子关系等，但是，同时又具有着这个时期孩子的很多共性特征，如朝气蓬勃、思维奔放、个性突出、争强好胜、勇于尝试、眼高手低、情绪躁动、喜怒无常、逆反明显等。因此，父母（其实也应该包括家里其他大人）如果能够提前了解和掌握这个时期孩子的其他一些心理特点及其表现，那将对他们青春期身心的平衡发展和顺利度过起到积极而有益的促进作用。父母应该如何做呢？以下几点建议供大家参考。

第一，充分尊重、理解孩子在这个特殊时期的表现和心理状态，并坦然接受可能因此而带来的一切"后果"，充分保护孩子这份成长的自然天性和朝气，正如莎士比亚所说："超乎一切之上的一件事，就是保持青春朝气。"正是他们身上的这股朝气，才标志着他们正在彻底摆脱稚嫩走向成熟、从懵懂走向坚定、从孩提走向成人、走向更加精彩的人生。因此，青春，不仅富有朝气，而且极其珍贵。陈独秀先生言道："青春如初春，如朝日，如百卉之萌动，如利刃之新发于硎，人生最宝贵之时期也。青年之于社会，犹新鲜活泼细胞之在身。"

第二，积极正视自我和独立意识的越来越强与心理抗压能力越来越弱两者之间的矛盾关系。孩子在进入青春期后，身心发展也进入了快速变化的时期，即孩子生理、心理、社会行为等方面从未成熟走向成熟，从未定型走向定型的急剧变化的时期，是人生从量变到质变的转变期，也是孩子认识能力与方式迅速提高和改变、自我观念创新突破，从心理上重建人生的重要时期。同时也是自尊意识、自信意识、自我意识和独立意识迅速"崛起"的关键时期，由于受到知识、认知、经验和能力等的局限，一系列心理健康问题也就随之出现，并不断地表现得越来越突出。所以，父母在这个时期一定要高度重视孩子的积极心理建设，在充分遵循孩子生理及心理发展规律的基础上，帮助孩子努力提高心理素质，进一步完善孩子的人格塑造，积极避免因各种心理矛盾和多重精神压力所造成的心理严重扭曲，甚至人格分裂。毕竟，孩子的心理健康无小事！

第三，指导孩子正确面对和处理与异性的关系。孩子进入青春期后，由于性激素水平逐渐升高，生理发育逐渐走向成熟，开始出现第二性特征。男孩身材高大起来，肌肉越来越结实，喉结开始出现，声音变得低沉、粗狂，开始长出胡须，汗毛明显加重、遗精现象开始出现。女孩的皮肤变得细腻起来，嗓音渐渐地尖细，胸部明显发育，生理期开始出现。随之，他们在不知不觉中开始对异性产生某种好奇和兴趣，然而，他们往往又因为生活经验欠缺、情绪起伏不定、感情容易冲动、自制和自控力缺乏等，很容易陷入懵懂爱情和早恋的问题之中。

因此，为了更好地贴近和温暖孩子，引导他们正确认识和领悟青春期常识，认清并懂得自己身体的"秘密"，从而清楚地认识到青春期的不当和不良行为的负面影响和危害性，开始将自己置于整个环境中来思考问题，建立起因果关系概念，树立起责任意识，尽最大可能争取安全、平稳地度过青春期。父母积极的俯身倾听和耐心陪伴就是对孩子进行情感抚慰和心理干预的有效方法。父母如果能够巧妙地把握好这个关键时机，将青春期的两性关系问题讲给孩子听，让孩子以一颗平常心和科学的态度，去自然、坦然、踏实、客观、正确和理性地面对这一问题，进而懂得与异性相处的分寸和恰当方式，并让这份纯真的情感成为青春期成长的力量。

第四，让孩子学会接纳他人，接受帮助，使良好和坚实的人际关系成为孩子青春期和未来成长与进步的力量源泉。对于进入青春期的孩子来说，他们仿佛进入了另外一个世界，一切都和原来不一样了，但好像又不能完全摆脱过去的一些影子。一方面，他们不得不面对因身心的"突变"所给他们带来的巨大冲击和考验，常常是左右不是，上下不对；另一方面，他们还要面对因青春期生理快速发育所给他们带来的身体和心理上的影响和挑战；再一方面，他们更要面对在以上一系列问题所给他们带来的综合压力下的人际关系挑战。

人际关系将伴随着人的一生，特别是对青少年的生活、学习和成长有着十分重要的影响；尤其是对于处于青春期的孩子来说，这是衡量其心理是否正常和健康的重要标准。良好的人际关系能够积极促进自我意识和独立思想的良性发展，促进社会综合能力的进一步完善，以及学习成绩的较快提高和身心健康的长远发展。

通过常年家庭教育和儿童青少年心理健康教育实践与相关知识和理论的学习与借鉴，大致可以把孩子在生活和学习中的人际关系形式概括为以下几类：（1）好人缘型，即在班级中人缘最好、最受欢迎的人；（2）领头羊型，即在班级、年级或学校各项活动中脱颖而出的领头人或领袖式人物；（3）松散型，即极不稳定，或一对一，或三五成群，今天好，明天散；（4）小团体型，即若干个脾气相投、仗义十足、交往密切的哥们结盟，具有排他性，拒绝其他人加入，排除异己；（5）被嫌弃型，即在班级中人缘差、最不受欢迎的人；（6）孤独自闭型，即从来不主动与别人来往，自然而然也没有与其交往的人；（7）相互排斥型，即相互之间没有好感、或相互歧视、或相互怀有某种敌意的人；（8）始终期待型，即一直抱有交往的愿望，但受个性和心理因素影响，始终将自己处于被动和等待之中的人。

以上这些知识点父母都可以很好地与孩子进行交流切磋，从而让孩子学会正确处理人际关系的好办法。

青春期人际关系建设

当青少年进入青春期后，人际关系在他们的生活和学习中，开始显得越来越重要。随着他们身心快速的发展与变化，以及学习、考试及升学的压力越来越紧迫，他们的焦虑、不安、恐慌和不安全感越来越明显，他们便需要从身边的人际环境中去寻找支持和力量。所以，青春期孩子对人际关系实际需求与不懂如何处理人际关系之间的矛盾，就成了这个时期困扰他们的一道难题。但是，不管属于哪种类型或做出什么选择，对于良好人际关系的建立是有规律、道理和方法可循的；无疑，积极、正确和合理的方法将有利于人际关系的向好发展；反之，消极、狭隘和不当的行为方式将使人际关系走向十分被动和尴尬的局面，所以说，选择，就意味着放弃！怎么助力青春期孩子处理好人际关系问题呢？以下与大家分享几点建议。

建议一：尊重他人，接纳他人。在日常生活和人际交往中保持一颗平常心，对周围的人一视同仁，愿意尊重他人，主动接纳他人，同时富有爱心、同情心，以开放和宽容的心态面对所有人。

建议二：专心读书，专注学习，积极努力，全面发展。学生的本职工作是学习，要以学为主，抓住根本。大量事实表明，青少年的学习成绩和状态，在一定或很大程度上影响或决定着他们人际关系的好坏和质量。青少年应该在学习和成长过程中，逐渐意识到学习和成绩对于一个学生的重要性以及在同学中的特殊影响，进而认识到其在人际交往中不可忽视和低估的影响和作用。从而摆脱因此而造成的人际关系困扰。

建议三：看见自己，接纳自己。从辩证的角度来说，人际关系看似是自己与他人的一种交往关系，其实也是自己与自己的一种特别交往。如果自己都看不清自己、不信任自己、不喜欢自己、不接纳自己，那自己还怎么能够去靠近和接纳性格各异、志趣不同和个性突出的其他人。反之，如果自己首先能够看清自己和接纳自己，那么就能够把从别人身上看到的不足和缺点视同为自己身上的不足和缺点，让认知和心态达到一种平衡，将"投射"这种心理学现象得以最好的发挥和运用。

建议四：丰富自我，彰显魅力。在搞好学习的同时，积极拓展自己的兴趣和爱好，并积极参加各项集体活动和体育运动，在群体中充分展示出自己积极向上、乐于助人、落落大方、幽默风趣等良好形象，在个人魅力展现中影响更多人，吸引更多人进入自己的朋友圈，成为好朋友，由此营造出属于自己的良好人际关系环境和氛围，从而不断提升自己人际交往能力的自信，让更多情投意合、志同道合的人成为自己强大的人际关系力量，促进自己的全面发展和进步。

建议五：推己及人，将心比心。人际交往，是在不同人、不同环境和不同心境下进行的，它将受到包括个性在内的诸多因素影响，而其中忌讳的就是自私和自以为是。现实中，人际关系看似简单，实际复杂和不易，常常还会出现摩擦、问题，甚至冲突。所以,在人际交往过程中,人与人之间应该平等相待,主动换位思考,推己及人,将心比心,耐心倾听别人的表达或倾诉,不随意评价,不轻易表态,不把自己的主观想法强加于人,多一分理解,多一分接纳,多一分尊重。当矛盾发生时,双方最好首先站在对方的角度考虑问题,以积极、平等、真诚和友好的态度主动缓解和化解矛盾,在大气和谦让中求得重归于好。或许我们能够从老舍先生《四世同堂》里的一句话中获得一些启示:"登高望远天地阔,纵横捭阖自从容。"即站得高看得远,人只有立意高远,视野才会长远开阔,才能在繁杂的世间从容自在。

建议六:趋利避害,学会放弃。在通常和正常情况下,良好的人际关系不仅是每一个人的需求,更是青春期青少年孩子心理健康发展的重要力量。然而,愿望往往是美好的,但现实常常又是矛盾的。因受到个人修养和品质,以及社会不良因素等的影响,所以,不是任何一个人都能成为朋友的,换句话说,也会有个别人是不可交的。因此,既要努力地建设良好的人际关系,又要学会分辨是非,远离一切消极和负面影响,放弃应该和必须放弃的人和事,积极净化生活和成长环境,坚持在对与错、好与坏之间做出正确的选择,从而懂得"人缘不是刻意追求得来的,而是对一个人优良的个性品质的回报"这一道理。

总之,孩子一路成长的人生旅途,绝不会是一条平坦大道,甚至还是荆棘密布,风雨交加,坎坷不断;但是,磨难就是历练,经历就是成长;孩子随着认知、能力的提升,阅历、经验的丰富,毅力、心理的磨砺,并带着对未来的无限美好期待，在一步步、一天天走向成熟和强大。所以，只要我们和孩子始终"在一起"，共同经历、相互信任，共同相伴、相互支撑，共同协作、相互给予，完全放下大人所谓的身份和面子，彻彻底底地和孩子打成一片，就能收获真正的爱的教育成果！

人生，需要经历、感受和体验；一路风雨、一路泥泞、一路朝霞、一路阳光，走过的都是人生，走过的都是风景，一路走过去，就是另一片希望的天地。

励志故事带来的启示

教育，岂能只是知识的灌输？又岂能是功利的嫁衣？更岂能是功能的一场异化？就如苏格拉底所说："教育的本质是点燃、鼓舞和唤醒。一万次的灌输，不如一次真正的唤醒。"所以，教育是一个灵魂唤醒另一个灵魂，是一颗心灵感召另一颗心灵，是一个生命点燃另一个生命的过程。教育是一种朴素的愿望，一种民族的精神，一次文化的补养，一回心灵的洗涤和一股伟大的力量！

我们的孩子们太需要榜样的力量了！因此，特别地和大家分享两个励志故事，这是很多年前我给女儿读过的，今天再读，依然是感动、激动和振奋不已，相信无论对孩子，还是对身为家长的父母都会有深刻的启发和实际的现实意义，更会极大地激励青春期的青少年怀抱远大的人生理想，担负起青少年一代的历史责任，砥砺前行，不负韶华。

"杂交水稻之父"袁隆平的故事（摘自禾念苗《原来袁隆平最初的梦想不是培育杂交水稻，却成了杂交水稻之父！》一文）

如果不是错失了两次机会，"杂交水稻之父"袁隆平的人生，也许会被完全改写。袁隆平从小就热爱游泳，不到10岁时，就敢横渡长江；16岁时，在武汉读高中，参加湖北省举行的游泳比赛，他一举获得汉口赛区男子100米自由泳第一名和全省男子自由泳第二名；考上西南大学后，他是全校的游泳冠军。一次，西南赛区进行游泳选拔赛，前三名，将被选入国家游泳队，成为专业游泳运动员。很可惜，这一次，袁隆平只获得了第四名，因一名之差而落选。袁隆平错失了自己人生的第一个改变命运的机会。

机会再一次向袁隆平招手。大学快毕业那年，部队招收空军飞行员。当时，全校报名的人数达到800人，经过严格的体检，最后，只有8人通过了全部的36项指标测试，袁隆平幸运地成为其中之一。即将成为一名光荣的空军飞行员，这对年轻的袁隆平来说，确实是一件大喜事。可是，在即将进入空军预备班之前的庆祝八一建军节晚会上，袁隆平和他的同学们被告知，大学生一律被退回。原因很简单，当时国家已经制定了第一个五年计划，国家建设需要一大批知识分子，而当时全国只有区区20万名大学生。因为大学生太宝贵了，空军放弃了大学生，是为了让他们在自己所学的领域，为祖国建设做出更大的贡献。袁隆平因此再一次与近在眼前的机会失之交臂。

就这样，袁隆平痛失了两次绝好的改写人生的机会。

采访袁隆平院士的记者，在听了袁隆平讲述的这两个故事后，连用了两个"幸亏"：幸亏当时你没有被选入国家游泳队，成为一名专业运动员；幸亏当时国家出台了新政策，让你没有成为一名飞行员。

可是，这两次机会，对当时还只是一名农大的普通学生的袁隆平来说，却是十分难得的机遇。我忽然想，假如袁隆平抓住了这两次机会，他的人生将会怎样？

以袁隆平当时的身体素质来看，经过系统专业的培训后，袁隆平可能会成为一名不错的游泳运动员，甚至有可能进入全国前三名，退役之后，他也许会和大多数运动员一样，成为一名游泳教练员；抓住了第二个机会后，袁隆平会成为一名令人美慕的飞行员，在蓝天飞翔，是多少人的梦想，然后，他有可能成为一名飞行教官，直至光荣退休。

运动员和飞行员，这都是受人尊敬的职业，以袁隆平一向不服输的性格来看，无论在哪个行业，他都可能有所作为。但是，如果那样的话，袁隆平从小就想学农的梦想就很难实现；我们今天，就没有了"杂交水稻之父"，就没有了他培育出的可养活7000万人的杂交水稻。所以我们说，幸亏袁隆平没能抓住人生中的这两次重要机会，幸亏他一直没有改变对于粮食和农业的梦想。

袁隆平说得好："一个人一辈子做好一件事，就足够了。"他这一辈子，就做好了一件事，培育优良的杂交稻，解决人类的粮食问题。

这个故事的启示：每个人都会怀揣各种各样的梦想，一生中也会遇到各种各样的机会，然而，梦想无限，生命有涯，你不可能去实现每一个梦想，也就不需要抓住每一次机会。坚守住一个梦想，抓住一次机遇，专心努力一辈子，你就可能在某个领域有所作为。

身残志坚的普通人迈克的故事（出自周海亮所著《嗨，迈克！》一书）

年仅14岁的迈克得了一种罕见的病，他的脖子僵直，身体僵硬，肌肉一点一点地萎缩。他的病越来越重，最后完全失去了自理能力。他只能坐在轮椅上，保持一种固定且怪异的姿势。14岁的迈克认为自己迎来了老年，不仅因为他僵硬的身体，还因为他的玩伴们，突然对他失去了兴趣。

母亲常常推着迈克，走出屋子。他们来到门口，来到阳光下，背对着一面墙。那墙上爬着稀疏的藤，常有一只壁虎在藤间快速或缓慢地穿行。以前迈克常盯着那面墙和那只壁虎，他站在那里笑，手里握一根棒球棒。那时的迈克，健壮得像头牛犊。可是现在，他只能坐在轮椅上，任母亲推着，穿过院子，来到门前，靠着那面墙，无聊且悲伤地看着面前的三三两两的行人。现在他看不到那面墙。

迈克曾经疯狂地喜欢诗歌。可是现在，他想，他没有权利喜欢上任何东西，他觉得自己像一位将死的老人，是这世界间的一个累赘。

可是那天黄昏，突然，一切都发生了改变。

照例，母亲站在他的身后，扶着轮椅，捧一本书，给他读一个又一个的故事。迈克静静地坐着，心中盈满悲伤。这时有一位美丽的女孩从他面前走过……那一刻，母亲停止了朗诵。迈克见过那女孩，她曾和自己就读于同一所学校，只是打过照面，彼此并不熟悉。迈克甚至不知道女孩的名字。可那女孩竟在他面前停下，看着他，看着他身后的母亲。然后，他听到女孩清清脆脆地跟他打招呼："嗨，迈克！"

迈克愉快地笑了。他想，原来除了母亲，竟还有人记得他的名字，并且是这样一位可爱、漂亮的女孩。

那天母亲给他读的是霍金的故事。一位杰出的物理学家，一位身患卢伽雷氏症的强者。他的病情，远比迈克的严重和可怕。

那以后，每天，母亲都推着他来到门口，背对着那面墙，给他读故事或者诗歌。每天，都会有人在他面前停下，看着他，然后响亮地同他打招呼："嗨，迈克!"大多数是熟人，偶尔也有陌生人。迈克仍然不能动，身体依旧僵硬。可是他不再认为自己是一个累赘。因为有这么多人记得他，问候他。他想这个世界并没有彻底将他遗忘。他没有理由悲伤。

以后几年里，在母亲的帮助下，他读了很多书，写了很多诗。他用微弱的声音把诗读出，一旁的母亲帮他写下来。尽管身体不便，但他过得快乐且充实。后来他们搬了家，他和母亲永远告别了老宅和那面墙。再后来，他的诗集得以出版……他的诗影响了很多人……他成了一位有名的诗人。再后来，母亲年纪大了，在一个黄昏，静静地离他而去。

很多年后的某一天，他突然想给母亲写一首诗，想给那老宅和那面墙写一首诗。于是，在别人的帮助下，他回到了老宅。

那面墙还在。不同的是，现在那上面，爬满了密密麻麻的藤。

有人轻轻拨开那些藤，他看到，那墙上，留着几个用红色油漆写下的很大的字。那些字已经有些模糊，可他还是能够辨认出来，那是母亲的笔迹："嗨，迈克!"

故事读罢，意犹未尽。无论是著名人物，还是普通人，他们朴实、自然和亲和的形象依然还停留在眼前，久久挥之不去。这倒不是因为他们的身份显赫或形象高大而让我念念不忘，而是他们用平凡所造就的那份伟大的震撼，所留给后人、世人的不可估量的精神财富！正如英国作家王尔德所说："别虚掷你的一寸光阴吧，别去听无聊的话，别试图补救无望的过失，别在愚昧、平庸和猥琐的事上消磨你的生命，这些东西都是我们这个时代病态的目标和虚假的理想。生活吧！过属于你的奇妙的生活！点滴都别浪费。"

心中有榜样，成长有力量。所以，榜样的教育，就是最好的教育。在当下的整个社会环境中，充斥着太多太多的浅薄、低俗、媚俗和无聊的信息和内容，很多媒体在一味追逐"流量""刷屏""置顶"和"拔头筹"的效果与影响的同时，却完全忘记了媒体作为公众信息宣传平台所应有的职业和社会责任，以及快速传播与影响的功能。教育，往往是先入为主的。原本一张白纸的孩子，都是在父母或一切外力的"涂抹"下，形成一张张五颜六色、或明或暗、或深或浅的形形色色纸张的。如今，从各种媒体渠道散发出来的大量毫无意义和价值的信息和内容正在不断和深深地影响着儿童青少年的认知、判断、选择和价值取向。种瓜得瓜，种豆得豆，自然法则，天经地义。我真切地希望，今后我们的孩子们看到、听到、感受到和学习到的是像"导弹之父"钱学森、"水稻之父"袁隆平、"航天英雄"杨利伟、费俊龙、刘洋、王亚平等这样充满着正能量和民族气节并有着伟大精神的人民英雄！近朱者赤，近墨者黑。希望我们未来的教育和文化能够让我们的孩子们从小就远离一切消极和负面的干扰和影响，在青山绿水般干干净净的环境中健康快乐成长。正如胡适先生所说："你要看一个国家的文明，只消考察三件事：第一看他们怎样待小孩子，第二看他们怎样待女人，第三看他们怎样利用闲暇的时间。"所以，选择就是一种态度，它更会导致某种结果。

教育的本质就是培育人、完善人、提升人和成就人，教育的根本任务就是立德树人。然而，当前我们包括家庭教育在内的所有教育，却是越来越远离了这个本真，越来越远离了立德树人的根本任务，越来越远离了我们这个民族对于教育救国的美好愿景。当下，教育功利化、世俗化和短视化现象是越来越突出，越来越严重，从而，产生了如教育产业化、教育市场化、学习功利化、成绩唯上化、家长盲从化、攀比职业化、作业应付化、练习疯狂化、补课盛行化、竞争白热化、淘汰残酷化、制度无视化、社会冷漠化、学生脆弱化、父母抓狂化、教师为难化、矛盾尖锐化等一系列教育异化现象。

孩子，都是无辜的。我们很多父母动不动就抱怨自己的孩子不听话、不懂事、不如"别人家的孩子"，我们有的老师不自觉地就会流露出对学生的这个不如意、那个不满意，或者怎么都看不上的情绪。其实不然，是父母已经赶不上孩子成长的步伐和速度、缺乏耐心、丢失爱心、修养不足、方法失当，不能及时给予孩子理解、信任、支持、帮助和补养；是老师在教学和管理压力下，面对形形色色、良莠不齐、个性十足，特别是青春期逆反的学生时常常失去了足够的信心，少有时间和机会去贴近更多的学生，及时掌握他们的身体状况、思想动态和心理变化，未能给予他们所需的信任、引导和支持。

我们不妨参照中医文化专家曲黎敏老师风趣幽默的青春寄语，来和孩子做一次温暖而走心的对话："不要过早地规划人生。未来你做什么，只有'天'知道：你现在要做的，就是好

好地实现自我成长 —— 实现你的思考能力、你的心灵力量、你对美好事物的感知能力、你乐观的人生态度和体魄的成长。无论如何，未来的一切 —— 婚姻、事业等，都是力气活儿。"她以全新的视角对孩子们的青春做出了十分"接地气"的解读："青春，是自我觉知的开始。它意味着生长痛的侵扰，意味着孤独感的来临，但是这种生长痛和孤独感令人骄傲，而不是沮丧。因为世界，从此开始成为'他者'，而不再是与自己浑然一体的东西。这一次的睁眼和苏醒，与出生时的那次已截然不同。那时，我们有亲人的护佑和安抚；而这一次，我们必须自己看，重新看，看自己想看的东西，而不是别人让我们看的东西。我们，就这么直直地跌入滚滚红尘，要么正在被抛弃，要么正在被接纳……"同时，父母要亲切地告诉孩子，成熟的标志之一就是学会从此自己要对、能对、必须对自己的未来负责。自己可能经历的所有不顺和磨难其实就是真正的成长，就是未来一路前行的资本和力量。就像海明威在《老人与海》一书中所说的："生活总是让我们遍体鳞伤，但到后来，那些受伤的地方一定会变成我们最强壮的地方。"曲黎敏老师也如此表述："肉体的伤痛记忆让你衰，精神的伤痛记忆让你强。"这些话语会对于青春期的孩子来说醍醐灌顶，有着很大的激励作用。

09

18岁的男孩女孩

　　本篇主要关注的是即将步入成人阶段的18岁的孩子，针对这个阶段孩子所面临的成长问题，父母要率先管理和控制好自己的情绪，这是亲子关系正常发展、家庭关系和谐和孩子健康成长的基本和根本保障。父母一定要走出一个已是常态化的教育误区，那就是习惯了对孩子进行包办代替，不要轻视这一错误行为给孩子成长带来的危害和潜在的隐患，父母要做到早放手，早放心。父母要注意传统的"家长"这一角色的转变，重新构建新型、民主、平等、和谐、友好和相互信任、相互尊重、相互依赖的家庭关系模式，这将极大地有利于孩子和父母自身的健康成长。

爸爸妈妈，本来想和你们面对面说一说我的心里话，有太多太多的难受和不痛快，在我的心里憋了很久很久，觉得生活已经没有了任何意思，好像对所有的事情都没有了兴趣，再也打不起精神来，就连以前的好胃口都已经不再有了。其实，你们应该也早已经感觉到了，只是不知道为什么你们一直没有面对我，所以，我这种很不好的状态一直持续到现在，如果不是到了实在难受的地步，我也不会用写信这种方式来"宣泄"一次，也许这样能够让交流起到一定的效果。

首先，我要感谢从小你们对我的养育和照顾，让我度过了一个和其他小朋友一样的童年生活，曾经的每一次欢乐和满足至今还深深地印在我的心里。我喜欢的奥特曼、滑轮车、各种玩具枪和乐高等玩具，你们都一一满足了我，但是，随着我的年级增长和学习压力的加大，这些让我曾经快乐无比的东西已经离我而去，剩下的除了学习还是学习，快乐和我的生活好像已经没有了任何关系。

但是，我心中有无数不解的问题。为什么你们不能像以前一样耐心地和我说话，主动来问问我需要什么和关心什么，让我感受到像以前一样的温暖和亲近呢？为什么你们越来越只关心我的学习和成绩，而不再在意我的感受和变化呢？为什么不像以前一样带着爱意和我说话，而是变得越来越急躁和没有耐心，甚至还会对我大声说话和发火，让我越来越感受不到来自父母的体贴和关爱呢？

我知道我也有不太听话的时候，特别是我上了初中以后，主意多了，个性也强了，虽然我没有故意冒犯你们的意思，但是，我没有得到你们的理解。尤其是随着学习科目的增加和难度的加大，我的学习压力越来越大，尽管我自己也很努力，但还是感到越来越力不从心，这个时候我是多么希望你们能够站在我的身后，给予我及时和有效的帮助啊！就这样，时间一天天过去了，我越来越难受和压抑，你们越来越急躁和焦虑，家里的气氛也变得越来越紧张，所以，我的情绪也变得越来越糟糕和难以控制，让我感到生活无趣，学习也失去了方向和动力。是什么造成了我现在这般令你们不满意甚至是讨厌的样子？我不知道这到底是谁的错，但我知道如果再这样下去，问题会越来越多，麻烦会越来越大，不仅会影响到我的健康和成长，更会让你们感到痛苦和遗憾。所以，我想通过这封信，把你们拉回到我的身边，让你们走进我的心里，帮助我尽早走出这无奈和痛苦的境地，让我还有机会安心的参加高考并尽量取得一个理想的成绩。

爸爸妈妈，请你们帮帮我吧！

这就是你们儿子的心声！

对父母的提示

早放手，早放心，这是我通过认真反思后获得的又一个启示。父母一定要走出一个已是常态化的教育误区，那就是包办代替。千万不要轻视这一错误行为给孩子成长带来的危害和潜在的隐患。主要有以下五个方面。

1.养成惰性依赖习惯。很多父母都是以爱孩子的名义替自己的孩子做着很多事，包括吃喝穿用等生活的方方面面，其中也不乏"积极参与"孩子的学习部分；总是担心孩子不会做、做不完、做不好，所以就干脆上手"助一臂之力"。就这样，慢慢地，父母与孩子彼此就成了一种习惯，父母成了条件反射般为孩子做事，孩子顺其自然地养成习惯；诚然，这种习惯性的依赖越强，孩子的能力就越弱，互为因果。

2.缺乏自信，丧失自尊。每一个孩子都有努力去获得成功的美好愿望，同时这也是他们获得自信和自尊的根本需求。然而，现实往往是事与愿违，令孩子失望的是：自己正在努力做着自己的事情的时候，父母的"关爱"却早已提前准备就绪了，从语言到物质，再到行为，可谓是应有尽有，而且常常是强迫式的，最后只能乖乖就范。从而，孩子就失去了尝试、体验、感受和锻炼的机会，同时，建立自信、证明自我的权力也被无情地剥夺。进而，就产生了"我不行"的自我怀疑和自卑心理，甚至是逆反心理，开始和父母对着干，亲子关系亮起红灯。父母所谓的"爱"却成了使孩子缺乏自信、丧失自尊的罪魁祸首。

3. 摧毁孩子的意志力。现实生活中，很多父母，特别是母亲，往往用包办代替孩子生活和学习的方方面面，甚至是包办了所有的事务来显示和证明自己对孩子的真爱。所以，很多孩子也就习惯性地"赖上"了一定会"全力以赴"的父母，自己完全不需要去考虑做什么，只需要"踏踏实实"地等待就好。长此以往，孩子在这样的等待中变得越来越麻木、愚钝、懦弱，遇到问题就会退缩和逃避，在生活和学习中的很多事，慢慢地都变得不能自理，还何谈今后立足社会呢？就这样，孩子本应该有的能力和意志力就被父母包办代替的"爱"一点一点地摧毁了，孩子的未来也因此而变得一片渺茫。

4. 扼杀孩子的创造力。孩子的成长一定离不开想象力、思维力、学习力、创造力和动手能力等综合能力的培养，其中的创造力是一种不可忽视的能力。家庭是孩子创造力开始培养的重要地方，如果父母努力培养好孩子的创造力，孩子的好奇心就将得到极大的促进和很好的保护。让孩子学习好的前提首先就是让其对学习产生兴趣，好奇心可以说是兴趣的基础，而创造力又是好奇心的基础。孩子具有了好奇心，他们就能获得学习的动力，并产生越来越强的求知欲。智慧的父母还可以幽默地对待孩子提出的荒唐甚至可笑的问题，并鼓励孩子的那些天马行空或不着边际的大胆想象。因为，创造性思维会容许不同的可能性存在，由此孩子的思维就会变得更加灵活，面对和处理问题时就可以"声东击西""六出奇计"。好比"司马光砸缸"

和"曹冲称象"的典故所告诉我们的道理：按部就班和循规蹈矩有时是无法解决问题的，需要的是一切有创造性的尝试。事实证明，有创造力的孩子更具有理解、包容和大度的心理素质和品质。孩子综合能力的提升往往需要依靠自身的努力探索和创新实践来实现，中途即使遇到失败，孩子也会不断地去再尝试、再创造和再突破，直到收获成功，获得本领。然而，我们太多的父母总是以爱和心疼的名义，就是忍不住要去包办和照顾孩子的方方面面，甚至所有的一切。造就出一个个四体不勤、五谷不分的"空心人"和"低能儿"，这就是我们扼杀孩子创造力的代价。事实上，我们每一个人之所以能够获得不断地进步和发展的机会，无疑和创造力是密不可分的，同时它更关系到孩子的生活、学习和人际社交，甚至是未来的一切；而创造力又不是与生俱来的，它需要后天的机遇、影响和创造来实现。

5.让孩子缺乏责任感。孩子一旦适应了父母对自己生活和学习等方方面面都包办代替的生活方式，一方面会更加助长父母这一自以为是的行为，并使这种习惯愈演愈烈；另一方面会让孩子的这种长期的依赖成为一种根深蒂固的习惯，并认为是理所当然的，从而，父母的爱在他们的心目中越来越没有分量，所以，他们也就顺理成章和理所当然地享受着父母提供的一切"特殊服务"，继续着"饭来张口，衣来伸手"的生活，一天天地蜕变为不折不扣的"啃老族"，甚至"寄生虫"，也无须去想自己应该为父母、家庭和社会做点什么，哪怕是一点点最基本的义务，使责任感变成了一件和自己越来越没有关系的事情。

所以，我们真诚地希望那些喜欢和善于包办代替的父母，赶紧悬崖勒马，马上放手，还自己的孩子一个自由探索、自我发现、自主实践和自我提升的机会和空间，尊重他们身心成长规律，重新定位自己在孩子成长中的位置和角色，不缺位、不越位、不错位，让孩子独立自主地成长为他们自己想要的样子。就像童话大王郑渊洁所说："我们的教育，就是给所有的学生穿上一样的鞋，然后让他们走不同的路。"

通过写作此文，感慨至此，好像自己的心情渐渐地越来越平静了。回首我的育儿经历，那一次次的感动，随着时间和回味化为了一股股甜甜的清泉，在心中暖暖的流淌着；那一阵阵的触动，也在心灵的碰撞和洗涤下，变成了一个个光亮的航标，照亮了前行的方向；那一回回心动，也在我和小女儿的频繁对话和特别的情感交融中，沉淀为一份份越来越清晰的责任，让自己变得踏实和更有力量起来。

18岁女孩和父亲的"代沟"

日前，正在紧张写作中的我突然被小女儿的一小段经历所感动了！所以，不得不临时打乱原有的写作顺序与逻辑，先在第一时间和大家分享这一亲身经历，以及有关孩子成长与教育的思考，抒发对于孩子成长的无限感慨。

小女儿基本每天都是忙忙碌碌的状态，她是班长，兼任学校"合唱团"团长，本来就有着属于自己的社会活动和责任，加上学习任务，忙得不亦乐乎。原本她和学校的"文学戏剧社"没有任何关联，或者说，这一方面也不是她的爱好和专长，也可以说是八竿子都打不着的事。但是，人生中往往就会发生一些让人意想不到的有意思的事，或一晃而过，或留下印象和记忆，或产生重大和深远的影响，甚至影响一生。

事情的起因是这样的，一天，一个偶然的机会她被同学叫去"戏剧社"帮忙，主要去给正在排练的话剧《雷雨》播放视频和音频，一方面是充当临时"替补队员"，一方面恰巧还真的用上了她的特长 —— 音乐、艺术。因此，按照哲学的话说，偶然中有必然因素，即看似偶然的事，其实往往有着必然的联系。

按照小女儿从小养成的习惯和意识，不管做什么事，只要参与或做了，就会认真去做，而且尽力做到最好，只要全力以赴了，任何结果都要坦然面对，也就是人们常说的"重在参与和过程"。所以，虽然只是帮个忙，只是一件小事，但她却十分认真地去对待，专心致志，一丝不苟。一场排练下来，她竟然就被导演老师"发现"了，同时被共同参与的小伙伴们喜欢上了；这还了得，一时间她就成了整个剧组共同关注的"焦点"。

一次偶然、一次机会，一段经历、一段体验，一种尝试、一种感受，无不让她体会到人多前所未有的感受，更重要的是，她已经在不知不觉中彻底地"忘我投入"了。排练刚结束，导演就十分诚恳地向她发出了正式邀请，请她即刻加入剧组，立马成了正式"编制"，岗位确定，让她继续负责视频、音频技术，小伙伴们也纷纷竖起了大拇指，并发出了属于他们才能听懂的一种特别的声音（属于欢呼类）。然而，事情就像正在排练的两部戏（一部是《雷雨》，另一部是《这里的黎明静悄悄》）一样，好戏连台，真是一部（步）接一部（步）。第二次排练结束后，导演老师当场宣布了一个令她万万没有想到的决定：请她正式担任这两部话剧的舞台总监！话音一落，现场就是一阵所有剧组成员的欢呼声和掌声，还伴随着几声尖叫声；顿时，排练场成了一片欢乐的海洋。瞬间，小女儿的双眼彻底湿润了、神情呆滞了，当被旁边的"战友"唤醒时，两行热泪已顺着脸颊流个不止……按照她的话，这是她近18岁的人生有史以来第一次这样泪流不止，不过全都是因为激动和感动！

本来的一次帮忙，最终帮成了一份工作和"职业"，帮成了一份机会和责任，帮成了一次学习和锻炼，帮出了一份感情和友谊，帮出了一种团结和力量，帮出了一种期待和希望，真可谓一举多得，美不胜收！但是，由于岗位和工作内容的不断累加，特别是责任的重大，她似乎很快就意识到了什么，迅速从喜悦和感动中跳了出来，一头钻进了专业的学习和探讨之中，凭着已有的一些相关经验和触类旁通式地大胆尝试，很快就进入了"角色"，竟然还感觉良好地给导演老师提起建议甚至是意见来，完全一副行家里手的样子；导演老师一激动，似乎也已经忘了自己的辈分和身份，完全和这个初来乍到的"新手"助理打成了一片，有时还"称兄道妹"起来，让小女儿在尊重、信任、鼓励和感动中获得了前所未有的自信、收获和进步。这一切不就是现实生活中活生生的真实教育案例吗！借此，反观和反思我们的教育，我们把太多的时间、精力和力量都放在了知识、分数、升级等目的性很强的教育上，而往往忽视了环境、情境、生活和体验的教育，让我们的教育离教育的本质越来越远，让我们的教育越来越形式、教条和功利化，让我们的教育越来越违背教育和成长的规律，让我们的教育越来越远离真实和实际，越来越和本真教育背道而驰。

小女儿的这次短暂而非凡的经历，这次难得而有限的机会，虽然不会马上提高她的学习成绩、也不会让她获得突飞猛进的改变和进步，但是，她却一定获得了最珍贵的人生体验，还得到了超越实现的精神力量，更获得了极其宝贵的对于生命价值和意义的亲身体验，以及获得了真切感悟和积极而深刻的思考。所以，从这个意义上来说，体验、情感、生命和心灵的教育才是真正、真实和最好的教育。

或许，大家从我小女儿参与这次学校戏剧实践的以下感言中，还会获得更多的感动和感悟，愿意和大家一起分享。

戏剧社实践感想

我加入戏剧社的时间比较短，也就两个月，但是这两个月的时间过得非常充实，这给我的高中生活画上了浓墨重彩的一笔。所以首先要感谢的是龙导，感谢他对我的信任、支持和鼓励，同时要感谢所有戏剧社的朋友们，真的很喜欢这样的氛围，我能感受到大家都是这么的好，每个人都很配合工作，积极参与，大家的气场相合，都在尽力地完成一件事，这种并肩作战的感觉真的很棒！

我这个岗位一切都是从头开始，是之前我完全没有接触过的领域，虽然时间很短，但也必须要达得到导演的要求，所以，这对我是一个很有挑战的事情。不过，每一次排练的过程中，我都感受不到累，而是很激动地全程参与，导演的高标准严要求，更好地锻炼了我的能力。导演很和蔼可亲，对我们都很好，也会很好地倾听大家的意见，但他在正式排练的时候又一丝不苟，严肃认真，在大家的尽力配合下，我们的作品变得越来越好，现在回想起来，一切都是值得的。

当《雷雨》和《这里的黎明静悄悄》这两个作品连起来排的时候，我能感受到更多不一样的地方，很长见识。同时，因为我亲身参与其中，感觉这一个小时的彩排时间变得更加有意义了，看着大家一同努力的结果，心里有一种说不出来的温暖和感动。眼看着马上要到展演的时间了，我非常的舍不得。时间过得很快，我第一次加入戏剧社的场景仿佛就在眼前，导演让我感觉一见如故，我向他鞠了躬打了招呼之后，他说欢迎我的加入，朋友们还给我鼓了掌，从那时开始，在这个学校，我又多了一份归属感，这是一个很温馨的大家庭。谢谢学校给我们的这一次机会，谢谢导演不厌其烦地陪着我们排练，谢谢朋友们和我默契的配合。这份工作马上要结束了，我不想说再见，我拥有了一群很亲近的朋友，拥有了一段很浪漫美好的高中生活回忆，我要感谢咱们的戏剧社！这段回忆我会好好留在心里的！最后希望我们的演出顺利，无论结果怎么样，大家的努力都会有一个圆满的结局，希望所有人以后的路，更加宽阔平坦，我们的人生更加璀璨闪耀！万事顺遂！爱你们！

以上虽只是短短八百来字的一段感想，怎能只是一篇自命题的作文，它还是一段孩子亲身参与学习实践的心路历程，更是孩子对即将成年人生的一次真实而深刻的生命思考。按照女儿的话说，虽然她同时担任两部戏的舞台总监很不易，很辛苦，常常忙到深夜，废寝忘食，每次排练结束后感到筋疲力尽，有时累得趴在桌子上睡着了，一次次让团队成员们感动得落泪，一言难尽，但是，她却真诚而坚定地说："我得到的比付出的要多得多！"显然，她的价值观已经有了明确的取向，那就是"得"的不易和"失"的值得。从而，她将举一反三式地去面对今后可能会面对的一切"得与失"的选择，从中获取支撑自己一生成长的精神力量。犹如曲黎敏老师在《生命沉思录》第一卷中所说的："我们不是一开始就能明白精神的内涵，就好比我们拥有身体，但我们对这个肉身常常视而不见、毫不知情。所以，除了肉体，我们也需要精神的训练——我们要倾听、阅读、交流、感受痛苦、沉思、体悟、禅修，这是一份孤独的、必须自己完成的工作，但唯有这份工作，是有意义的工作，它不会给你带来工资，但会让你强大和成熟。"女儿所在学校校长在观演后短短的两句评价，更是一语道出了孩子们参与这次话剧演出活动的价值和意义所在："人，必须通过自己对生活的体验和自身的经历，来获得自己的人生哲学。"这是赞扬、肯定和鼓励，也是欣赏、享受和满足，还是等待、期盼和希望，更是对教育真谛简单、朴实和精准的最好解读。可以说这次演出是孩子们切身体验过的情感升华，虽然展演的是剧目，但是孩子们品味的是人生和社会。学校如此的教育理念和实践活动安排，恰恰印证了爱因斯坦对学校教育的这一解读："如果把学生的热情激发出来，那么学校所规定的功课就会被当作一种礼物来领受。"可见，这就是真实的生活、学习、实践、体验和创造，这才是我们应有的真实的教育！

试想，如果当时小女儿在征求我们意见时，我们着急和简单粗暴地回以：不同意！毕竟这不是她的"主业"和分内之事，且要占据很多时间而影响关键时期的学习。她肯定也不得不顺从父母的"指令"而放弃，但她却因此而完全失去了这次看似偶然却又必然的一次实践和锻炼的最好机会，还失去了广交朋友、开阔视野和跨界学习的有益的机会，更失去了一次对成长和生命十分难得的体验机会。可见，我们教育技巧中的诀窍之一，就在于能够抓住任何时机，激发出孩子的上进心，并唤醒他们在理想和追求上的内驱力。如果孩子自己不求上进，不知自勉，那么任何教育者就都不可能在其身上培养出好的品质。

只有在父母和老师首先能看到孩子身上的优点和闪光点，孩子才会因此而产生真正的上进心。正如美国心理学家威廉·詹姆士所说："人类本质中最殷切的需求是渴望被肯定。"

又试想，如果我们这次武断地剥夺了小女儿的这个机会，也就没有了来自导演老师和小伙伴们的真诚相对和充分肯定，因此，也就没有了她这次对充满挑战性和创造性艺术实践和全新团队合作的深刻思考、体验、感悟、触动和感动，更没有了可能会激励她一生成长和进步的强大力量。所以，教育家苏霍姆林斯基才这样说："不能把小孩子的精神世界变成单纯学习知识。如果我们力求使儿童的全部精神力量都专注到功课上去，他的生活就会变得不堪忍受。他不仅应该是一个学生，而且首先应该是一个有多方面兴趣要求和愿望的人。"

再试想，如果在我们父母的教育概念中只有主观、灌输、被动或强加式的教育方式，而完全忽视或放弃了我们父母在实施教育的过程中的"让位"与"退位"法则，始终"抢占"或"霸占"着教育的一切机会和阵地，不给孩子在成长和受教育过程中自悟、自省和自觉的空间和机会，从而，让"自我教育"彻底缺位于孩子成长的全程，这不仅是我们教育中的一大缺失和遗憾，更是会影响孩子一生健康成长和全面发展的不利因素。正如教育家苏霍姆林斯基所说："没有自我教育就没有真正的教育。"

"一年之计，莫如树谷；十年之计，莫如树木；终身之计，莫如树人。"春秋时期的政治家管仲早在《管子·权修》中就阐明了培养人才的规律和重要性。这句话告诉我们：能够一年内获得的是粮食，能够十年获得的是树木，能够一百年才能获得的是人才；一生最重要的计划，莫过于培育人才。万物生长是有着内在和客观的规律的，人的成长和教育更是如此，我们必须遵守，我们需要的只是耐心、等待、守护和静待花开。如今，我们的教育走得过急、过快，根本没有时间和机会停下来，等一等、看一看，再等一等、再看一看；慨叹一路风景、一路错过，一路遗憾、一路欠账；遗憾着本不该遗憾的一切错过和过错，欠下了几乎无法弥补和偿还孩子的童年和青春年华的债啊！

按照教育家苏霍姆林斯基所说："如用几句话来表达家庭教育学的全部精华，那就是要使我们的孩子成为坚定的人，能严格要求自己。"小女儿所幸遇到了一位好导演，一名可亲可敬、极富爱心、懂得学生和教导有方的好老师，在这名导演的带领下，她和小伙伴们一起收获了青春期最宝贵的财富，即成长关键期明确的目标和坚定的意志。这对于大多数在青春期困惑、徘徊和煎熬的孩子们来说就是一股弥足珍贵的成长力量。在过去的教育中，我们的很多父母总是在自以为是中顾此失彼、本末倒置，把几乎所有的力量都用在了所谓的知识和智力培养上，甚至变本加厉地坚守着，绝不放手，绝不放松。而能够支撑孩子一生健康顺利成长的重要力量，即价值取向、意志品质和心理素质等却越来越被轻视、忽视，甚至完全丢弃。孩子们幼小或年轻的生命几乎整天就在"爱的名义"这件看似光彩夺目的"外衣"包裹下被动和扭曲生长着，一天一天，一年一年。似乎只有学习和成绩才是孩子和全家唯一的"命根子"，别无兴趣，别无关系，别无所求。孩子的生命看似"丰满"，却实属空虚。因此，越来越多的孩子就在父母如此自欺欺人的

"爱"的影响下，身心都开始变得越来越脆弱，常常不堪一击。所以，印度诗人、作家和哲学家泰戈尔这样说："内容充实的生命就是长久的生命。"反之，一定就是短暂而无益的生命。

孩子们这次在学校的艺术实践，从另外一个角度来看，它又是一次摆脱课程式教育的综合素质训练和检验，它的意义和价值其实已经超越了活动内容和实践本身，让孩子们在教育的另一个维度上获得了传统式教育所不及的价值和意义，所以，它对于孩子们的真实成长和教育而言具有深远的影响，它的价值将在他们今后的成长过程中越来越明显地体现出来，并且随着时间的推移渐渐地固化为将伴随他们一生的意志品质习惯，让他们受益终身。

然而，此时此刻我更想表达的是，这次与小女儿如此的"隔空相伴"，不仅是我的一次特别的人生经历，也是我作为父亲的一次特别的"意外惊喜"，更是我们父女之间第一次特别的心心相印、真实写照，让我们受益匪浅，此时依然是百感交集、回味无穷。

在与小女儿就此事几次交流的完整过程中，我在一口气读完了她的这篇感想后，顿时心生一丝歉意。作为父亲，虽然已经在女儿们的心里打下了比较坚实的信任基础，但是，这次在倾听和感受小女儿心路历程的过程中，一种从未有过且十分复杂的心理活动和反应涌上心头，我是既惊喜又遗憾、既收获又自责、既在局外又在局中。尤其是看到小女儿几次带着哽咽地深情表达和一次次感动中难掩的落泪的时候，这也是我伴随她18年成长中第一次看到她的这种再真实不过的情感状态，仿佛带着一丝的戏剧性，带着一种难言的震撼。顿时，在我们的亲子关系中从未出现过的"代沟"一词和概念竟然出现在我的脑海里。

说惊喜，无疑就是爱屋及乌，看到了她因此才有的一脸欢喜；说意外，是因为没想到一个偶然的"小动作"会带给她如此大的震动；说满足，是她继承了传统，一如既往和义无反顾地参加公益活动，帮了别人，提升自己；说遗憾，是因为虽然支持了她的这次选择，但是没有引起自己足够的重视，未能及时地"跟进"、用心倾听和陪伴，导致被动地面对她这份"突然"的感动；说收获，显然是目睹和感受了她积极参与这次意外获得的艺术实践活动，身在其中的开心、满足、惊喜和所得；说自责，是回忆过去时，虽然从来与她和姐姐交流无障碍，但是到现在才发现自己过去在举一反三、引申思考和耐心启发方面还有很多欠缺、还做得不太好，否则今天就不会面对一些没必要的被动和尴尬；说在局外，这就是客观事实，是被动的、不可选择的，可以完全与自己无关；说在局中，是她将我"强行拉入"其中，突然摇身一变，成了"局中人"，只是在她不时地"牵引"下，我以隔空和想象的方式参与其中，与她适时分享和交流实践活动所发生的一切所见所闻、所思所想、所得所失和所期所盼。

之所以说我是受益者，一方面是作为父亲，在和小女儿的"同呼吸共命运"中收获了她的喜悦和成长，与她分享了人生多重的滋味，真切地感受到了她对我一如既往的情感表达和依赖，以及依然默契十足的父女对话方式，让我又一次深深地体味到了专属于父亲的一份可遇不可求的"儿女情长"；另一方面是同时又作为教育实践和研习的我，从女儿的亲身经历体验和真切的感受中，获得了难得的总结和反思的机会，无论对于自己的女儿来说，还是对于所面对的广大受众群体来说，这无疑都是一次弥足珍贵的机会。所以，对于我来说，不仅是受益者，还是幸运者，可能更是幸福者。其中，最大的触动和收获之一是反思后的一种觉醒与自省，其实就是父母在教育中主动接受被教育的所需！其二是我学会了接受，通过这次与小女儿的"共同经历"，我看清了过去的自己在孩子面前的精神形象和所作所为的因果关系，同时，更加清晰地认清了如何陪伴孩子继续走未来的人生道路，即一定要给孩子留出、留够足够的独立成长空间和机会，并且能够管理和控制好自己的情绪的长远和深远意义。

父母一定要认清情绪在亲子关系和孩子成长中的重要性和关键作用。我们完全可以想象，每一个孩子在他们的心底都可能正在声嘶力竭地发出几乎一样的呼唤和呐喊："爸爸妈妈，真的求求你们了，不要发火，不要再这样生气了！我真的受不了了！"孩子可以说是父母的影子，父母的急躁或生气必然导致家人，特别是孩子自然而然地跟着急躁和生气，孩子是看着父母的一言一行长大的，他会条件反射式地学习和模仿父母身上的所有特点，并在日后的生活中一点一点、几乎一模一样地"复印"出来，这就是教育中所谓的"复印机效应"。我们的父母千万不要有这样的认识错觉，自以为孩子从小爱发脾气是天生的，殊不知孩子发脾气往往就来自最近和最亲的模仿。有时候，当孩子发脾气时，父母常常也会跟着发脾气，甚至用发脾气去对付发脾气，弄得家里一片乌烟瘴气。再就是，当父母情绪失控、脾气急躁或暴躁时，孩子常常就会被莫名其妙地指责。有时候，当父母在孩子面前一次次言而无信时，孩子必将失望于他们，长久处在这种被压抑的心情下，孩子就会越来越感到不满，也就顺理成章地用发脾气的方式来进行发泄。哈佛一位教授曾经这样坦言："情绪管理比学习成绩重要多了，可往往也是大部分家长所忽视的问题，除了在意孩子的学习成绩之外，也要教会孩子控制自己的情绪，不做情绪的奴隶者。"

可见，如果一个人不能掌控自己的情绪，并任其发展，将是多么可怕！再者，做事从来不计后果，行为完全被情绪所掌控，其结果更是不言而喻，在伤害自己的同时，必将伤及别人，尤其是像孩子这样的亲人。所以，显而易见，父母率先管理和控制好自己的情绪，是亲子关系正常发展、家庭关系和谐和孩子健康成长的基本保障。

小女儿的这次实践经历，在她的人生长河中实属小事一桩，本就是说说而已，何须再浓墨重彩地去描绘一番。但是，事实却往往又不以人的意志为转移，常常给你意外或惊喜。冥冥之中，这件小事似乎蕴藏着既有以小见大的哲理，更有一石激起千层浪的气势。不由得让我想起了鲁迅先生的文章《一件小事》，在他朴实而细腻的描写下，既歌颂了下层劳动人民崇高的品质，同时，又反映了知识分子的自我反省，表现出了真诚向劳动人民学习的新思想，可以说是变成了具有深远的社会意义的一件"大事"。就像鲁迅先生在最后写到的："独有这一件小事，却总是浮在我眼前，有时反更分明，教我惭愧，催我自新，并且增长我的勇气和希望。"

真心希望，通过这件小事，小女儿能受到鼓舞和激励，收获属于她自己的那份经验和成长。和小女儿共同经历这件小事，通过与她的心心相印和认真反思，我能真正地懂得她、理解她、尊重她、更爱她，做一个父亲该做、能做和必须做好的事，亲亲地伴着她，重新出发、重新成长、重新创造无限美好的未来！

情到深处难自禁，此时我似乎已经完全忘记了自己是在写作，在进行这本书的最后收尾部分，我深深地陷入了小女儿的这个故事之中，回味无穷，久久不能自拔。

18岁男孩的"抑郁"

　　18岁高三男孩阿猫（化名），曾经因患有抑郁症休学三个月。阿猫原本是一个成绩优异、性格外向、充满青春活力和要强的男孩，但是，进入高三学期以后，因为没有多长时间就要面临高考了，来自学校和父母，包括自己的学习压力越来越大，精神上也越来越紧张。尽管过去有着很好的学习基础和成绩，但是，因为青春期身心的快速变化和不平衡发展，再加上父母，特别是父亲的急躁和各科老师的"联合特别关注"，他因抑郁而休学，造成了对学习的不小影响，更多的是打击了他的自尊心和自信心。

　　由于上述影响和家庭氛围与亲子关系的紧张，加之高考的紧张氛围越来越浓，阿猫的学习效率和成果明显地在降低，前一段时间的一次测试考成绩倒退了近二十名，被班主任老师一顿狠批，曾经的优秀似乎开始离他越来越远，这让阿猫感到自尊心严重受创，在班里很没有面子。

　　回到家，一头雾水的他一时间不知如何是好，不思茶饭，情绪十分低落。这个时候，他可能最需要的就是来自父母及时的亲近、温暖和理解，一次自然、轻松的促膝谈心，哪怕是随便地闲聊几句也算是"雪中送炭"了。可是，他等来的偏偏是母亲的一脸阴冷和父亲几句大声的吼叫，这成了戏剧性的"雪上加霜"，真是"屋漏偏逢连夜雨，船破又遇顶头风"。

不知所措和无可奈何的阿猫最后还是拿起手机，看来除了在网络和游戏世界里痛痛快快地发泄一通，似乎已经别无选择。其实，尽管这样的选择不是最佳的选择，甚至它可能还包含有一些或很大的负面内容和影响，但至少在如此尴尬、复杂和艰难的情况和氛围下，它相对来说可能就是一个"不得已"的最好选择，至少它还能缓解或转移矛盾和压力。然而，事实却一次次地印证着那句俗话："你怕什么，就偏来什么！""成绩都退步到这个地步了，还沉迷于游戏。""你到底知不知道你这样下去意味着什么？""你就这样破罐破摔下去吗？你还有没有起码的自尊心？""你要自我毁灭了，再毁灭我们吗？""你就这样不要脸吗？你就真的不顾你爹妈的脸了吗？"……

一时间，整个家里充满了父亲和母亲两个人此起彼伏的争吵声，真是字字冰冷、句句扎心。好几次已经坐不住，准备起身反抗的阿猫不知为什么都忍了下来，或许正在经历着某种可能连他自己都不清楚的心理矛盾和斗争。但是，至少他没有选择极端行为，他还是保持着非常理智的头脑；仿佛这方面他做得要比父母好。然而，事情往往又有着两面性，正因为阿猫放弃了和父母的当面争辩、放弃了彻底发泄的机会，选择了一忍再忍的方式，很快，身体就憋出了毛病，他感到头晕恶心，满嘴溃疡，一脸的青春痘马上就要爆发出来，彻底地倒下了，显然已经病了，所以也就无法去上学了，从此，一切开始恶性循环。

一星期、两星期，阿猫基本上都是卧床或半卧床状态，这下才把父母吓到了。母亲说必须去医院检查了，但是遭到儿子的强烈反对，就这样一拖再拖，一个半月过去了，阿猫干脆开始紧锁自己的房门，连最基本的对话都放弃了，过起了"与世隔绝"的生活。十有八九就是与网络为伴、与游戏为伍了。到此，父母似乎才真正地意识到大事不妙了！家庭角色出现了历史性的大反转，父母开始变得小心翼翼，不敢再和儿子提上学和学习的事了。

一天，一个看似偶然的机会，其实是阿猫的"蓄谋已久"，晚饭后，他主动坐到了客厅的一侧沙发上，突然心平气和地"约谈"了家里的两位"领导"，在一个多小时的"一言堂"里，除了一个个和一段段动人、精彩和特别的回忆外，基本就是"组织谈话"，如数家珍般地历数两位"领导"过往一言一行和所作所为，特别是表现在教育上的种种不当言行和不在少数失去理智后的"胡作非为"，严肃中偶尔还夹杂着些许幽默讽刺。但是，不管怎样，好似C位上的阿猫终于"咸鱼翻身"，当了一回"老大"，履行了一回"主审官"的权力，所以，干脆，干净彻底地倒尽这18年一肚子的苦水，一吐为快，痛痛快快地来一个"一笔勾销"，让曾经的所有美好重归于好！

或许是一番震惊后的良心发现，又或许是醍醐灌顶后的真正觉醒，阿猫的父母开始仔细地回忆过去，你一言我一语："儿子从小到大咱们不仅对他要求严格，并且还经常忍不住地批评和指责他，死要面子活受罪，很少去夸奖和欣赏他，时间一长，也让儿子对自己的要求越来越严格，并且开始不能接受不完美的自己，所以，抗压受挫能力也就越来越弱。""现在回想起来，咱们真的太过分、太残忍、太无情、太无能、太自以为是了!""咱们现在,除了回忆就是反思、除了自责就是反省、除了理智就是放下、除了悔过就是纠错、除了清醒就是重来、除了自觉就是自律、除了学习还是学习,除此,咱们别无选择!""今天,总算是明白了,儿子其实就是咱们的一面镜子,在里面把咱们照得清清楚楚、明明白白,咱们是什么样,儿子就是什么样,真是合情合理,天经地义,没得说、没得跑。说实话,要不是儿子今天这番看似突如其来、惊天动地的举动,咱们百分之百连悔青肠子的机会都没有了!当然,比这更可怕的却是咱们很可能就把儿子的一生给彻底毁了!"所以,父母一致觉得要好好地感谢儿子,一定要记住今天的日子,干脆把它定为"家庭生日",每年的今天要像过生日一样来隆重地纪念它!母亲发自肺腑地说:"从明天开始,让我们重新好好地爱儿子一回!从此不再重蹈覆辙、逼迫和伤害儿子,不再做任何对不起儿子的事,不再让儿子的成长留下任何遗憾!从今以后,咱们互相提醒、互相督促、互相要求、互相鼓励、互相支持,努力争取让儿子早日找回自己、回到最佳状态,坦然地去面对人生的一个个大考。"

最后,阿猫终于容光焕发,鼓起勇气重返学校,回到了他往日的精彩和光辉,回到了心中那个自己都佩服和喜欢的自己,回到了从未想过和想都想不到的仿佛浴火重生般的大美日子;因此,接下来的结果自然就尽在不言中了……

教育实践心得分享

　　在这里，我想和父母们分享一个我从事三十多年家庭教育，特别是儿童青少年心理健康教育实践的心得体会，那就是：好的教育就是心灵碰撞和交融，并在心里能够留下一段段值得回忆和记住的深刻而美好的记忆的教育。就像诺贝尔文学奖得主加西亚·马尔克斯在他唯一的一本传记《活着为了讲述》中所写到的："生活不是我们活过的日子，而是我们记住的日子，我们为了讲述而在记忆中重现的日子。"每个人来到这个世界上，绝不是为了活着而活着，而是为了追求"活着"之上的意义。被动地活着，也是一种活法，或许就是一种常态，也无可指责；主动地活着，即充满意义地活着，也是一种活法，但却是我们应该去追求的目标。其实，人生，本来并没有什么既定的目标，也不可能有谁去规定一个人的命运。即便是所谓的宿命论，也不过是那些意志脆弱的人给自己寻找的一种所谓的概念和借口。一个人活着，绝不是为了活着而活着，而是为了心灵的碰撞、融合和闪亮而活着；所以，只要活得精彩，便是无憾的人生。一个人活着，其实只有两种活法，要么精彩，要么平庸，别无选择。你可以为了金钱、地位、面子和世俗活着，你也可以为了理想、追求、探索和优雅活着。一个孤立的生命和孤独的心灵，还何谈活着，更何谈活着的价值和意义？

人生，原本并没有什么特别的意义，如果一定要给人生赋予某种意义，那么一种答案就是：因为人不是为了活着才生活，而是为了生活而活着，所以，才要赋予人生别样的意义，这构成了人生的一般境界；另一种答案则如国学大师季羡林先生所言："人生是没有意义的。如果一定要给人生一个意义，那就是对人类发展承上启下的责任感。"这就是人生的高级或最高境界。不管是哪一种情况或选择，就像胡适先生所认为的："所谓的意义，全靠自己寻找，全靠自己的态度和作为，全靠你人生所达到的境界高度。"所以，我们可以选择平凡，但我们一定拒绝没有价值和意义的人生！

在分析人生与活着的意义之后，我们不难发现对孩子进行生命教育的意义所在，实事求是，实话实说，处于青春期的青少年首先需要或欠缺的就是生命教育和人生方向、价值和意义的指引，而非冰冷的分数、盲目的攀比、残酷的竞争和毫不负责任、毫无远见与极其危险的功利教育。什么样的土壤和环境培育什么样的种子，什么样的空气和温度绽放什么样的花朵，什么样的榜样和力量引领什么样的精神，什么样的价值观和人生观造就什么样的新一代。

德国哲学家叔本华曾这样解读人生："生命是一团欲望，欲望不满足便痛苦，满足便无聊。人生就在痛苦和无聊之间摇摆。"自古以来，由于历史、文化和制度等的差异，在中西之间对于人生和人生意义一直有着相似和不同的理解、解释和界定，但是，不管角度、立场和力度有怎样的不同，都无法阻挡人类历史的前进和发展。英国剧作家毛姆曾幽默地说："人类之所以进步，是因为下一代不听上一代的话。"看似正好是对人类社会进步原因的一种十分形象而幽默的解释，其实，恰恰是对我们当下教育时弊的一种趣味的辩证警示。

确实，人类之所以能够进步并发展到今天的程度和现状，就是依赖一代代人艰苦奋斗和努力拼搏的结果，就是因为有一批批负有责任感和使命感的仁人志士的付出与努力，因为一个个有理想、有境界、有思想、有追求、有品位的人在创造和坚持，才有了人类今天的美好生活。所以，人生不是走流程，只有奋斗才能出彩，只有追求才有意义，只有创造才有价值，这样的人生才过得充实和值得。

教育，其实很简单。只要我们能够遵循教育和成长规律，守住教育之根本，坚持正确的教育方向，抱着平和与负责的心态和态度，并心甘情愿地将爱进行到底，就一定能为孩子，特别是青春期的青少年打造出一片充满勃勃生机、充满无限可能、充满阳光雨露的新天地。

到此，曲黎敏老师那直白犀利与幽默风趣的文字表达让我又一次难掩兴奋，急于和孩子、父母们分享，让我们一起感受那饱含人生阅历与深邃思考的人生见解，以及潜藏文化精髓与传统中医的哲学思想，她的这段论述文字如下："因为也曾从年少时光走过，所以我一直赞美青少年那活泼旺健的生长能力，以及他们对成人世界的畏惧与抗拒。因此，我感觉自己没有力量批评他们，我只是把我年轻时的苦恼及撞南墙时受到的伤害和觉悟与他们分享，告诉他们，我们的成长就是这么在对抗和谅解中完成的，烦恼即菩提，每次的修剪和自我剖判，都只为成熟。无论如何，新一代已经成长起来，他们大气、体贴、幽默，有极高的智慧和勇气，如一股清新的空气正吹散旧世界的阴霾……尽管山河依旧，面对未来，已诞生了新的主人。"掩卷而思，这段文字让我产生了很强的情感共鸣，也在探索中逐渐找到了家庭教育的方向。

让爱的花朵在家庭花园里尽情绽放

　　教育家苏霍姆林斯基这样说过："没有时间教育孩子，就意味着没有时间做人。"也就是说，夫妻在生了子女后就必然成了父母，但未必就成了合格的父母。上一个案例中的阿猫刚出生时，他一定不知道天天出现在他眼前的所谓的"父母"是谁，只是一次次、越来越感受到这两个人是最亲近他、对他最好的人。当他一天天长大时，才被这两个人一次次地灌输"爸爸和妈妈"的概念，并慢慢地有了关于爸爸妈妈的记忆，渐渐地有了家庭、亲子关系的雏形意识和概念，开始了有认知的生活。然而，在我们的现实生活中常常有这样一种常态化的怪象，即父母在孩子教育上下的功夫越大、付出的越多，反而就离父母的家长本职责任越远、与教育的本质和目标距离就越大；并且，这样的意识和行为竟然成了一种司空见惯的习惯，居然被越来越多的父母所接受。爱，一个不争的前提就是：负责任！父母，不仅和孩子是血缘与亲子关系，关键还是一个职业和专业，更是一份伴随孩子一生的职责。只有具备了这个"职业"的从业资格，认真履行这一神圣的职责，并收获实效，才称得上是一个合格的父母。所以，父母要珍惜这个不可复制、不会重来的做"父母"的机会。

养育和陪伴孩子成长的过程，其实也是父母以另一种方式再次成长的一次机会和过程，更是亲子间共享生命精彩和意义的一段人生旅程。因此，我们既然有幸成了父母，除了珍惜和满足外，更要保持清醒与理性的认知和正常与平和的心态，与时俱进，让主动、继续和善于学习成为做父母的一生习惯和信仰，努力提升自己育儿和教育的认知、能力与专业水平，逐步掌握更多和更有效的与孩子沟通、面对问题和解决问题的方法和技巧，使家庭始终都拥有和谐的积极氛围，以及良好的亲子关系，以自然、轻松、惬意，最好还带有幽默的最佳状态静静地陪伴孩子的生活和学习，让孩子在真爱的温暖和力量中一路健康快乐成长。由此又可以这样说，学习除了应该成为一种习惯外，其实也是一种伴随一生的信仰，所以，应该值得父母推崇！学习、学习，唯有学习才能让我们发展和进步！

高度重视并积极加强"家庭文化"建设。无论这个概念是在此第一次提出，还是早已或曾经被提及过，它都对于一个家庭的整体状态、日常氛围、亲子关系、和睦程度和生活品质具有极其重要的影响和作用。在我们的传统文化和习俗中，或许有"封建"的思想元素和习惯，家庭成员之间要么不许、要么不敢、要么不会、要么不能轻易地亲近、亲密，更不用说亲热了；往往是要么相敬如宾、要么始终保持距离、要么"授受不亲"；使得家庭成员之间的情感交流严重受阻，彼此间的真实感情就只能这样被压抑着，得不到起码的交流和给予。长此以往，就渐渐地形成了我们普遍的"家庭文化"格局、模式和现象，在一定或很大程度上影响和破坏了本该正常的家庭关系、心灵碰撞和精神融通。家庭成员之间的亲子和亲密关系有时候是不应该有距离的，否则还谈什么亲近、亲密呢？往往一个有意无意的抚摸、一句不经意的甜言蜜语、一个轻轻的拥抱就很可能，甚至一定会马上打破紧张、缓解气氛、消除误会、解决眼前一切大大小小的问题和难题。

面对现实，特别是在我三十多年进行家庭教育辅导的过程中，"家庭文化"的畸形或缺失，不仅是我们大多数家庭教育和问题中的一个隐形"症结"，更是一个亟待开展的"家庭文化"重塑和重建工程。现在，我们面对一系列或所有的家庭教育问题，基本都是"头疼医头，脚疼医脚"的老套路，有时还会"有病乱投医""东一榔头西一棒子"，甚至偏听偏信，人云亦云，盲目"下药"；而完全没有认识到或忽略了良好的"家庭文化"也是解决家庭"病症"的"一剂良药"，它将润物细无声地滋润和打牢家庭成员间的感情和纽带，默默地贡献一种似有非有的"家庭文化"力量，填补家庭生活和教育一直以来的历史性空白。孟子早就这样说过："不得乎亲，不可以为人；不顺乎亲，不可以为子。"（《孟子·离娄上》）可见，就是这个侧面也反映出了"家庭文化"在家庭建设和亲子关系中的积极和重要作用。显而易见，家庭文化的积极建设，是全面促进家庭关系和家庭教育均衡与良性发展的一个重要保障，也是为家庭成员提供更好成长环境和更多可能的必要条件。在家中，我们可以通过家庭会议进行家风的传承、通过家庭互动进行个性与共性的充分展示、通过家庭游戏进行智力大比拼促进互敬互爱、通过家庭创意想象和活动设计来提升家庭生活的兴趣和品质、再通过不拘泥于形式和丰富多彩的交流方式，包括和其他相关家庭的各种联合行动，进行更广泛的人际交往能力培养，从而全面和深入地提高家庭成员对共同爱好、共同追求和共同价值观的认知意识和默契，让爱的花朵在家庭花园里尽情绽放。

这次写作想和大家分享的最后一个心得，理由有二：一是我从事了大半辈子教育的一个心结至今未解，就是我一直想创建"家长学院"或"家长教育学院"，不为名不为利，就想从根本上积极推进家庭教育回归正常、正确轨道，让我们的教育正本清源，回归本真和责任。正是因为我在从事三十多年教育实践过程中，接触了一个个"问题孩子"（近年来已包含了越来越多的成年人），切身体会了他们相同又不同的遭遇、困惑、纠结、无奈、焦躁、痛苦、抑郁、无望和厌世；走进了一个个形态各异的"问题家庭"，亲身感受到了他们近乎一样的痛苦境遇和一步步走向悲惨的状态，我常常深陷两难的境地，一方面不得不"深入虎穴"，以主动和自愿的态度去"感同身受"，耐心倾听，满心充满了尊重和理解，进而渐渐或很快地走进他们的内心，迅速建立信任和初步感情，细心并尽可能彻底地"侦探"出深潜其中的真实"敌情"和特点，进而选择和确定"一病一方"的"战略战策"，可谓用心良苦、费尽心机、艰难跋涉；另一方面，就是要在经历了"痛彻心扉"后坚定不移地引领和帮助他们早日走出荆棘密布和冰天冻地的痛苦，甚至绝望的悲惨境地，指引他们一步步地走向温暖的心境和希望的环境，重建新型的家庭关系大厦，重组亲近、和谐的亲子关系系统，重新配置和添加家庭感情元素和要素，安装情绪控制智慧开关，敞开情感和思想表达与释放的大门，培养共同意识，创建幸福家庭。

二是在近一年的写作，并伴随着讲学、咨询、辅导和交流的深度思考和认真反思过程中，一个特别的"思想概念"越来越频繁地从脑海里跳了出来，挡都挡不住，那就是关于对"父母"和"家长"这两种称谓或两个概念的重新再思考、再理解、再认识、再判断和再选择。这就意味着，如果这一"历史性"问题被我们重新定义，那么我的上述"心结"——关于"家长学院"或"家长教育学院"的命名就将被彻底地"颠覆"。当然，其实这并不是一个什么或根本的问题，因为，由于种种客观因素，它可能将长期像一艘希望之船在我愿望的海洋里漂浮不定，一时找不到停靠的港湾。

为了不再纠结，并本着严肃认真的学习态度，我一边反思，一边学习；一边查询，一边请教；一边斟酌，一边讨论……就这样循环往复着，思想越来越统一，概念越来越清晰，立场越来越坚定，一个越来越明确的"概念定义"渐渐地浮出了水面，仿佛一下子豁然开朗了！综合整个学习和思考过程的价值取向，已基本捋清了一条认知的正确思路。

根据家庭教育规律，以及对三十多年从事家庭教育与青少年心理健康教育实践的大量真实案例的总结、分析与研究，我发现在我们的家庭教育中，一直面临着一个司空见惯，似乎又模棱两可的尴尬问题，且被所有的"当事人"自然而然和理直气壮地"享受"着，这就是关于"父母"和"家长"的称谓问题。现实生活中，这两个称谓的使用一直都是混乱的，从未被规范；要么单独分开使用、要么同时使用、要么混着使用，大家心照不宣，心知肚明，所以习以为常、视而不见、不以为奇。

父母，按照名词解释是父亲和母亲的总称；父母者，人之本也。另一个解释是，动物界，一个雌雄相异的物种里，将一个生命带到这个世界的两个个体，就被称作父母；他们是这个新生命的父母，并且永远拥有着父母的身份。而家长，则被解释为，旧称一家之主，指父母或其他监护人。一般指未成年人的父母或监护人（自然人）、也指父母或者其他监护人或者孩子的长辈。显然，它们有着相近、相同和完全不同的含义与界定。在生活中一般性使用无关紧要，但在教育实践和履行教育责任中，就应该慎重和准确的使用，两个概念不能混淆，因为角色和责任各不相同。否则，角色混乱，矛盾重重，责任不清。

综上所述，在我们的整个教育实践过程中，以"父母"称谓去取代"家长"称谓是正确、准确和负责的选择，它更有利于教育者的角色定位、任务划分、责任担当和价值认定。在我们的传统习惯和现实生活中，"家长"常常被默认为一个家庭的"统治者"、孩子命运的"掌控者"，似乎与情感和爱无关，更与我们当今的教育实际相悖，违背了我们教育中平等的价值原则。因此，把"家长"这个教育用词转换或变更为"父母"一词，未来的"家长学院"顺理成章地变成"父母成长学院"，让我们的所有从教者各司其职、各尽其能、各展其长、各得其所、各放光彩。

从另外一个角度看，在我们的国际交流中，"家长"这个词翻译成英文是 the head of family，直译就是一个家的"头"。而监护人被译为 the parent or guardian of a child，包括 generation（一代、一辈人）和 householder（房主）。由此看出，按照英文翻译，这是和我们一般意义上使用的"父母"是不对应的，也不是一个概念。

当"家长"转换成"父母"之后，就更有利于我们重塑全新的家庭教育理念，更加明确了家庭教育的责任和努力方向，不再因角色概念不清、责任内容不明而使我们的教育或不到位，或严重跑偏，或驶向逆行的轨道。如果从社会学中的后喻文化来说，我们的很多父母在很多方面是不如自己的孩子的，因为，现在的孩子接受的信息比你多，孩子学习的能力比你强。所有，我在上一本书《别把孩子"带歪"了》中特别提道."有时候孩了就是我们大人的老师，父母不能再以权威家长的身份自居了。"今后，在现实的一切教育活动中，我们慎用或放弃"家长"这个称谓，将更加有利于重新构建新型、民主、平等、和谐、友好和相互信任、相互尊重、相互依赖的家庭关系"精准"模式，同时，极大地有利于孩子和父母自身的健康成长。

我们在教育上，把太多的时间、精力和条件用在了"抢跑""赶跑""快跑"和"超越"上，光顾着智力性的知识灌输，而大大地忽略了给予孩子独立思考后努力探寻最佳方法的机会，从而失去了创新、创造的能力。犹如爱因斯坦所说："提出一个问题往往比解决一个问题更重要。因为解决问题也许仅是一个数学上或实验上的技能而已，而提出新的问题，却需要有创造性的想象力，而且标志着科学的真正进步。"达尔文也说："有价值的知识是关于方法的知识。"这些就是告诉我们，鼓励孩子独立思考，培养孩子独立精神，让想象力和创造力陪伴孩子一生成长的重要性。曾任耶鲁大学校长20年之久的理查德·莱文就这样说："真正的教育不传授任何知识和技能，却能令人胜任任何学科和职业，这才是真正的教育。"试卷只是一张纸，未来才是一幅画。我们只有摒弃狭隘、落后、封建和错误的教育思想和方法，才能真正地对孩子们的未来负责，而非一次次的考试和一年年的升级。蔡元培先生用尽毕生精力，奠定了中国新式教育制度的基础；他将"思想自由，兼容并包"写进历史；他心系国家、教育救国，为我国的教育、文化、科学事业做出极大贡献。面对教育的希望，他提出："知教育者，与其守成法，毋宁尚自然；与其求化一，毋宁展个性。"似乎先生还在真切地提示着我们：我们太容易去注重孩子学习能力和所谓技巧的培养，却往往忽略了孩子人格修养方面的培养。然而，恰恰是这方面的缺失，往往就会造成孩子越来越缺少对生命的认知和梦想的能力。因为，人格的修养，将成为孩子人生走向和全面健康发展的核心要素。所以，蔡元培先生再次强调说："决定孩子一生的不是学习成绩，而是健全的人格修养。"

国家要实现现代化，重要的前提和标志就是国民的身心健康！我们在教育和前进的路上走得太快、太急了，该停下来等一等我们的灵魂了，尤其是要给孩子们的心灵留出一块宁静自在的净地。正如英国作家与艺术家王尔德《道林·格雷的画像》一书所说："不要把你的生命献给无知、平庸和低俗，不要设法挽救注定的失败，不要去倾听枯燥乏味的言谈和教化。离开虚假的理想，认清时代的病态，把你的内在生命活出来，什么都别错过。"

共勉寄语

最后，想用2013年北大新任校长王恩哥送给学生的十句话来与亲爱的孩子和父母们共勉：

第一句话，结交"两个朋友"。一个是图书馆，一个是运动场。到运动场锻炼身体，强健体魄。到图书馆博览群书，不断地"充电""蓄电""放电"。

第二句话，培养"两种功夫"。一个是本分，一个是本事。做人靠本分，做事靠本事。靠"两本"起家靠得住。

第三句话，乐于吃"两样东西"。一个是吃亏，一个是吃苦。做人不怕吃亏，做事不怕吃苦。吃亏是福，吃苦是福。

第四句话，具备"两种力量"。一种是思想的力量，一种是利剑的力量。思想的力量往往战胜利剑的力量，这是拿破仑的名言。一个人的思想有多远，他就有可能走多远。

第五句话，追求"两个一致"。一个是兴趣与事业一致，一个是爱情与婚姻一致。兴趣与事业一致，就能使你的潜力最大限度地得到发挥。恩格斯说：婚姻要以爱情为基础。没有爱情的婚姻是不道德的婚姻，也不会是牢固的婚姻。

第六句话，插上"两个翅膀"。一个叫理想，一个叫毅力。如果一个人有了这"两个翅膀"，他就能飞得高，飞得远。

第七句话，构建"两个支柱"。一个是科学，一个是人文。

第八句话，配备两个"保健医生"。一个叫运动，一个叫乐观。运动使你生理健康，乐观使你心理健康。日行万步路，夜读十页书。

第九句话，记住"两个秘诀"。健康的秘诀在早上，成功的秘诀在晚上。爱因斯坦说过：人的差异产生于业余时间。业余时间能成就一个人，也能毁灭一个人。

第十句话，追求"两个极致"。一个是把自身的潜力发挥到极致，一个是把自己的寿命健康延长到极致。

至此，这本《爸妈别生气》的写作就算告一段落了，突然间，好像有一种自己又重新活了一回的幻觉，又好似一部自己成长的电影回放，同时，又不得不联想起自己几十年从事教育，尤其是家庭教育和儿童青少年心理健康帮助辅导的心路历程，这些又给这样的回放和怀旧涂上了五颜六色，我曾经帮助过的一个个孩子、父母，和形形色色家庭相伴的一段段经历，因痛苦和绝望结缘而深陷其中的一道道难题，一回回用心良苦和掏心掏肺鼎力相助而收获满足和幸福的喜悦再次涌上心头……我五味杂陈，百感交集。

一阵翻江倒海之后，心情渐渐地恢复了平静，最后脑海里仅仅只留下了几个关键词：懂得、感恩、珍惜、善良、积极、执着、坚信、永怀希望。

后　记

　　父母造就了孩子的生命，从此孩子一刻也离不开父母的呵护和陪伴。孩子的成长和教育也就成了父母一生重要的职业和责任。无论是孩子的生活、学习和教育都离不开父母持续的用心和努力。在我几十年从事教育，特别是儿童青少年心理健康教育的实践和研习中，一个不争和强大的事实深深地印在了我的脑海里，那就是父母不仅是孩子人生的第一任老师，而且是孩子成长和教育的重要而关键的因素，也是家庭教育的主角。

　　陪伴、倾听、尊重、信任和发现是父母履行教育责任的基础和要领，孩子获得自由成长的空间、创造和快乐的机会、和谐的亲子关系和健康成长的条件，首先是父母的耐心、用心、爱心、细心、恒心和持续学习并与孩子同步成长的修养、信念与决心；其次就是在遵循孩子成长和教育规律的前提下，找到一种适合孩子个性化特点与需求的合理和科学的方法，切实助力孩子的健康快乐成长和全面发展。

　　在现实的教育环境中，因父母的简单或粗暴而轻视或忽略了孩子的真实情况和感受，而使得孩子失去了及时表达和诉说的机会，渐渐地与父母产生了隔阂，亲子关系开始变得淡漠和紧张起来，矛盾、对抗和冲突也就随之而来。孩子的困惑、无助、焦虑、痛苦和心理扭曲也就成了不良家庭教育的必然产物。

基于我常年从事家庭教育及儿童青少年心理健康教育实践和研究，特别是一个个个案辅导的切身体会和经验，一方面想给父母分享家庭教育的有益经验，一方面想替孩子发出来自他们心底的心声，由此唤起父母重塑家长形象、重建和谐亲子关系和科学家庭教育的意识和信心，为孩子的健康、快乐和全面成长打造一个自由、宽松、合理和科学的发展环境和空间。这就是继《别把孩子带"歪"了》和《青少年心理健康问题与对策》两本书后，我写作此书的缘起和动机，希望通过此书的分享，能与广大读者朋友们进一步探讨家庭教育的真谛。

在本书成书和出版之际，我要特别感谢傅小兰教授伯乐般的提携和教导，并为本书作序；感谢师长彭兴业老师始终如一的点拨和激励；感谢董力民和王津津兄嫂亲情般的关爱和助力；感谢亚洲教育论坛荣誉秘书长姚望先生的厚爱与鼓励和刘秀华老师的信任支持；感谢好友胡九龙的真知灼见；感谢同学、老友顾群、徐畅江、和丽贵、兰宏强、邰烈虹、王建国和杨红菊始终如一的贴心关怀和支持；感谢师兄符策虎老师的适时指导；感谢抒情花腔女高音歌唱家，中国音乐学院教授、博士生导师吴碧霞鼓励寄语；感谢夫人肖玫老师一直以来给予的无私奉献和大力支持；感谢孩子、家长们和广大读者朋友的信任和鼓励；感谢家人无私的付出和一如既往的温暖支持；感谢"晓云教育文化"工作室同人以及所有关心、鼓励和支持我的亲朋好友。最后，要特别感谢中央民族大学出版社赵秀琴社长的潜心策划和大力支持，以及责编罗丹阳博士的倾力相助和艰苦付出，出版社相关专家和老师们的不吝赐教和辛勤付出，才使得本书如期顺利出版。

由于受到自身的局限，书中不足或不妥之处还请读者朋友不吝赐教，我将继续努力。